TM Text Mechanism
Thinking Mechanism

텍스트 메커니즘

플라톤 이후
2,500여 년 동안 풀지 못한
텍스트 코드

이 책은 저작권법에 따라 보호받는 저작물이므로 무단전재와
무단복제를 금지하며, 이 책 내용의 전부 또는 일부를 이용하려면
반드시 저자와 다섯번째사과의 서면동의를 받아야 합니다.

※ 잘못 인쇄된 책은 구입하신 서점에서 교환해드립니다.

텍스트 메커니즘

과학적으로 읽고
논리적으로 쓴다

다섯번째사과

텍스트 메커니즘

저 자 | 구자련
디자인 | 이수현
일러스트 | 김정호(하코), 박유미
1판 1쇄 인쇄 | 2014년 11월 10일
1판 1쇄 발행 | 2014년 11월 17일
펴낸곳 | 다섯번째사과
등록번호 | 제2013-000137호
주소 | 경기도 수원시 영통구 이의동 1352 광교에듀하임
전화 | 070) 8278-0418, 팩스 | 02)2139-1118
Homepage | www.5thapple.com
Blog | blog.naver.com/5th_apple
E-mail | apple@5thapple.com

ISBN 979-11-950299-2-1 03700

이 도서의 국립중앙도서관 출판시도서목록(CIP)은 서지정보유통지원시스템 홈페이지(http://seoji.nl.go.kr)와 국가자료공동목록시스템(http://www.nl.go.kr/kolisnet)에서 이용하실 수 있습니다. CIP제어번호: CIP2014022686

언어의 지역성과 보편성

성서에 따르면 태초에 온 땅의 언어가 하나요. 말이 하나였다고 한다. 그런데 인간이 성읍과 탑을 건설하여 하늘에 닿고자 하자, 하느님께서 인간의 도전에 대한 응답으로 언어를 혼잡하게 하셨다. 그 결과 탑은 완성되지 못했고, 인간은 뿔뿔이 흩어지게 된다. 잘 알려진 바벨탑에 관한 이야기다.

    이 이야기를 통해서 두 가지를 생각해 볼 수 있다. 우선 인간에게는 일반적, 보편적 사고 체계가 있었다는 것이다. 인류가 하나의 언어를 사용했다면 생각의 방식 또한 공통점이 있었을 것이다. 그리고 그 유전자는 후대에도 여전히 남아 있을 것이다. 한편 하느님이 인간의 언어를 뒤섞어 놓은 시점부터 상황이 달라진다. 인간의 보편성과 더불어 인종과 민족의 개별적 사고 체계 즉, 언어마다 특수성과 지역성이 반영된 다양한 학교문법이 만들어지게 된 것이다. 일례로 중국어의 경우는 "직설적인 표현을 잘 쓰지 않고 완곡하게 의사를 표시하는 국민 성향과 혁명의 과정에서 문어체가 아닌 구어체로 텍스트 구조를 정립하는 과정에서 문법적 체계가 서구 언어처럼 잡혀 있지 않다."고 한다. 반면, 영어의 경우 논리어라고 표현하기도 하는데 문장 형식이 정해져 있고 형식별로 주어나 목적어 등의 어순 또한 결정되어 있다. 만약 주어, 목적어 등 문장성분의 위치를 바꿔 쓸 경우 의미가 달라진다. 그만큼 객관성이 높은 문법체계를 가진 언어라 할 수 있다. 한국어의 경우는 어떠할까? "한국어는 격조사가 발달되어 있다. 격조사는 명사 구실을 하는 요소 뒤에 붙어 그 요소가 문장 내에서 하는 기능을 나타낸다. 따라서 주어나 목적어와 같은 문장성분은 그 위치가 바뀌어도 격조사를 통해 그 기능을 알 수 있다. 이러한 이유로 한국어는 어순이 비교적 자유롭다는 것이 특징이라고 알려졌다." 외국인을 위한 한국어 문법, 국립국어원

세계에는 다양한 언어가 있다. 그중에서도 우리는 특히 영어를 잘하고 싶어한다. 하지만 영문법을 열심히 공부하고도 원서 읽기가 어려웠던 경험이 있을 것이다. 그 이유가 무엇일까? 한국인의 입장에서 영어를 잘하기 위해서는 우선 국어를 넘어 언어차원에서 텍스트를 이해할 필요가 있다. "문자는 항상 인간을 짓누른다. 개념어 사전, 남경태, Humanist" 이 말속에는 많은 의미가 내포되어 있다. 영어가 됐든 한국어가 됐든 많은 사람들이 텍스트를 잘 다루고 싶어 하지만 여전히 부담스러워 한다. 왜 인간이면서도 텍스트를 누구나 잘 다룰 수 없는 것인지? 그리고 더 많은 사람들이 텍스트를 잘 다루기 위해서는 어떠한 사고를 해야 하는지? 국어의 지역성을 넘어 언어의 보편적 차원에서 접근해야 그 해답을 찾을 수 있다.

결론부터 말하면 한국어, 영어, 중국어, 스페인어, 독일어, 일본어 등 세계의 많은 언어에는 공통점이 있다. 더불어 논문, 보고서, 리포트, 에세이, 소설, 시, 신문기사, 드라마 대본, 영화 시나리오, 노래 가사, 쉬운 글, 어려운 글 등 이 모든 텍스트 역시 공통점이 있다. 그리고 이를 다루는 하나의 원리가 있다.

| 목차 |

텍스트
메커니즘

들어가는 글

　언어의 지역성과 보편성 05

프롤로그 | 읽기와 쓰기의 오해

　1. 배경지식은 답이 아니다 16

　2. 통념에 기대지 마라 20

　3. 문단은 없다 22

　　텍스트의 차원 22 | 텍스트의 단위 24

　4. 학교문법만으로는 한계가 있다 26

　5. 영어와 한국어는 공통점이 있다 28

　6. 글쓰기 고수는 '그러나'를 사용하지 않는다 34

7. 문장을 말하는 사람 명제를 말하는 사람 38

  문장과 명제 38 | 참 명제의 조건 39 | TM 명제 40 | 용어 및 기호의 정리 41

제1부 텍스트의 이해

  1장 나는 생각한다, 고로 표현한다 46

  2장 텍스트는 논리적 사고 표현의 결정체다 50

  3장 논리의 핵심은 연결이다 54

  4장 쓰기는 연결 고리를 만드는 것이고,
        읽기는 연결 고리를 찾는 것이다 57

간지 스토리 1, 몇 어찌; 논리와 감성, 이성과 인내심 60

제2부 한 문장의 오해, 문장과 문장의 이해

5장 한 문장의 범주와 한 문장의 단위 70
단어 72 | 구 73 | 안긴문장(절) 74

6장 한 문장의 연결, 한 문장은 수평적 연결이다 76
수식에 의한 연결, 수식하는 품사와 수식 받는 품사 77 | 표지어에 의한 연결, 논리와 가장 밀접한 품사는 부사다 79

7장 문장과 문장의 연결, 문장과 문장은 수직적 연결이다 82
주고받음 개념 84 | 수직적 연결의 방식 86

8장 연결의 방향성은 주고받음 개념으로 결정한다 90
표지어가 있는 경우 92 | 표지어가 없는 경우 93

9장 중심내용을 객관적으로 파악할 수 있어야 한다 98
핵심어, 화제, 주제는 수직적 연결 고리에 있다 99 | 화제문장은 1등급 문장이다

과학적으로 읽고

100 | 요약은 화제문장의 연결이다 100

간지 스토리 2, 논리문법과 랑그 102

제3부 논리문법으로 읽고 쓰기

10장 주어, 목적어는 중요하지 않다 108
한 문장 단위 생각 포인트 109 | 문장과 문장 단위 생각 포인트 111

11장 텍스트 유형을 파악해라 114
반복 유형, 중요한 것은 반복한다 116 | 확장 유형, 생산형 사고는 확장한 119 | 매트릭스 유형, 전문가는 내용으로 논리를 만든다 126

12장 문장에도 등급이 있다 130
텍스트가 어려운 이유 133 | 한국인의 사고와 영어적 사고 138

논리적으로 쓴다

13장 중심내용 표시, 찾지말고 빼라 144

14장 문단은 없다. 그러나... 150

15장 원리는 적용하고 응용할 수 있어야 한다 158
전제 및 추론 문제 풀이 프로세스 159 | 구조 문제 해결 프로세스 166

에필로그 | 논리력, 평가력, 집중력 그리고 기억력

1. 텍스트와 인간의 능력은 밀접하다 174
집중력 177 | 이해력 177 | 기억력 178 | 논리력 178 | 판단력과 평가력 180 | 응용력과 창의력 181

2. 텍스트는 비전이다 183
지식의 소비와 생산 184 | 문제는 콘텐츠다 185 | 다섯번째사과 187

부록 | 읽기와 쓰기는 반복을 통해 완성된다

1. 한 문장 단위 연결 192

    한 문장 속 순류 193 | 역류 197 | 대립·대조 200 | 더하기 204 | 빼기 206 | 동등·유사 208 | 대·소 관계 211

2. 문장과 문장 단위 연결 214

    문장과 문장 사이 순류 215 | 역류 227 | 대립·대조 235 | 흐름 전환 241 | 더하기 247

3. 고전 & 퓨전 텍스트 비교 256

찾아보기 272

세상의 문제를 해결하기 위해서는 우선 그 문제의
어려움은 텍스트의 본질이 무엇이라고 생각하십니
극복하기 위해서는 어떻게 해야 할까요? 이러한 질
럼재 설명한 방법으로 사자성어 지피지기(知彼知己)그
여기서 지피 즉 알아야 하는 대상은 텍스트 이고,
이성적 사고를 의미한다. 그런 이 둘의 관계를 규
텍스트를 읽음과 동시에 자동으로 배경지식의 유

읽기와 쓰기의 오해

공통점 & 차이점

# 1

배경지식은
답이아니다

 살아가면서 우리는 다양한 문제와 고민에 부딪힌다. 그리고 그때마다 그것들을 극복하고자 많은 시간과 에너지를 할애하곤 한다. 그 시간 중에서 공부하는 시간 다시 말해 텍스트를 읽고 쓰는데 차지하는 비중이 가장 크다고 해도 과언이 아니다. 하지만 놀이방에서부터 대학교까지 평균 20여 년이라는 절대적 비중의 현실에도 불구하고 많은 사람이 여전히 글을 읽고 쓰는 것이 고민인 듯하다. 누구나 글을 읽고 쓸 수는 있지만, 모두가 잘 읽고 잘 쓰는 것은 아니기 때문이다.

 '책을 읽을 때 집중하기 어렵고 시간이 오래 걸린다.', '읽을 때는 다 아는 것 같지만, 읽고 난 후 그 내용이 기억나지 않는다.', 그리고 '다시 읽을 때는 완전히 새로운 내용이다.' 혹시 내 이야기인가? 그렇다면 이건 어떤가? 글 읽기는 '왕도가 없으며, 많이 읽다 보면 잘 읽게 된다.'라고 생각한다. 그렇게 되는 사람들이 있다. 문제는 많지 않다는 것이다.

 일상생활에서 또는 시험 상황에서 텍스트를 읽고 쓰는 데 불편함을 느꼈는가? 더불어 그 불편함을 극복하는 방법이 있지 않을까 하고 찾아보았는가? 그렇다면 일단 성공이다. 적어도 문제를 의식하고 있기 때문이다. 텍스트를 읽고 쓰는데 무슨 왕도가 있느냐고 말하는 사람이 더 많다. 인간이라면 당연하게 다 하는 것이지. 하지만 틀렸다. 텍스트를 읽고 쓰는 행위는 인간의 가장 고차원적인 지적 활동이다. 다시 말해 읽기와 쓰기는 인위적으로 의식하며 훈련해야 하는 것이지 하다보면 모두가 잘 되는 것이 아니다.

흔히 무엇인가를 잘하는 사람은 '저절로 된다.'라고 말한다. 의식하지 않았는데도 자동으로 되는 그런 움직임. 물론 그렇게 되기까지는 훈련의 과정이 필요하다. 중요한 것은 어떤 방법으로 어떻게 그 과정을 훈련하느냐이다. 기억해야 한다. 고수는 직관적으로 움직인다. 하지만 그 직관을 과정 없이 바로 따라 하는 것은 포기의 지름길이라는 것을 말이다.

독서법, 속독법, 문장론, 글쓰기 방법론 등 출간된 많은 독서·독해 관련 서적과 연구들은 이미 텍스트를 능숙하게 다루는 입장에서 결과적으로 숙달된 상태의 글 읽기 모습을 설명하고 있다. 때로는 그 과정을 너무 복잡하게 설명하고, 때로는 지나치게 생략하면서 말이다. 그러나 우리에게 필요한 것은 능숙한 상태의 설명이 아니라 능숙하게 되어가는 과정에 대한 명시적 설명이다. 더욱 심각한 것은 많은 독서·독해 방법이 배경지식에 의존하고 있다는 것이다. 하지만 이는 텍스트를 다루는 근본적인 해결책이 아니며 한계가 있다. 따라서 무한대의 지식을 흡수하기 전에 그 지식을 담는 텍스트 자체의 이해와 구체적 접근이 필요하다.

누구나 한 번쯤은 배경지식이 없는 분야의 텍스트를 읽고 머릿속이 하얘졌던 경험이 있을 것이다. 통상 이런 경우 '내 글읽기 능력에 문제가 있나?'라고 생각하기보다는 '이 분야는 내가 모르기 때문에 안 읽힌다.'라고 생각할 것이다. 하지만 배경지식이 없는 내용도 문제없이 읽는 사람들이 있다. 그렇다면 글 읽기가 어려운 것은 배경지식만의 문제가 아니다. 그리고 세상엔 내가 아는 내용보다 모르는 지식이 더 많다. 책을 읽는 것은 이미 알고 있는 내용을 재확인하는 것이 아니라 새로운 지식을 습득하기 위해서다. 독서를 잘하기 위해서 배경지식을 늘리려 한다면 이는 앞뒤가 바뀐 격이다. 그렇다고 배경지식이 중요하지 않다는 이야기는 아니다. 문제는 배경지식이 없는 글을 어떻게 읽어 내려가야 하느냐인 것이다.

인간이 머릿속에서 떠오르는 생각을 표현할 때 화가는 그림으로 작곡가는 악보로 건축가는 도면으로 다양한 표현의 방식을 선택한다. 반대로 그림을 보고 읽을 때, 악보를 읽을 때, 도면을 읽을 때는 각각 다른 코드^{전략}를 써서 그 의미를 해독하고 이해한다. 이것은 무엇이 되었든 간에 생각을 표현하거나 표현된 생각을 읽는 원리가 있기 때문에 가능한 일이다. 다시 말해 각 표현의 핵심 코드를 알아야 내용이 달라져도 만든이의 생각을 객관적으로 읽을 수 있다는 얘기다.

여기서 텍스트로 된 악보를 객관적으로 읽기 위해서는 무엇이 우선순위일까? 내용의 조합인 무한대의 배경지식일까? 아니면 유한한 구조적 코드일까? 배경지식 중심의 독해는 '구조적 독해'가 숙달된 다음 이루어져야 한다고 생각한다. 참고로 여기서 언급하는 구조는 학교문법만을 의미하는 것이 아니다. 그렇다면 구조적으로 텍스트를 읽기 위해서는 어떻게 해야 할까? 우선 텍스트 자체를 보는 관점의 변화가 필요하다.

2
통념에 기대지 마라

'그러나'가 나오면 중요하다. '따라서'가 나오면 결론이다. 주제는 '첫 문장이나 마지막 문장'에 위치한다. 많이 나오는 단어가 '핵심어'이다. 등 표상적인 독서·독해 방법들이 통용되고 있다. 그런데 이러한 방법들로 텍스트에 대한 고민이 해결되었는가? 이러한 방법 또한 한계가 있다. 시험 제시문은 물론이고 일상적 텍스트에서 무수히 많은 반례를 찾을 수 있기 때문이다. '따라서'가 나왔다고 결론이 아닌 문장이 많고, '그러나'가 나왔는데도 중요하지 않은 내용을 언급하지 않는 경우도 많다. 어찌 연결어나 접속어 몇 개를 보고 패턴에 의존해서 글의 중심 내용을 찾을 수 있겠는가? 간혹 한 번은 맞출 수 있다. 하지만 두 번, 세 번을 넘어 세상의 모든 텍스트에 이러한 방법이 보편적으로 적용되는 것은 아니다. 무엇보다 모든 문장과 문장 사이에 접속어 등 표지어가 여러 개인 경우도 있고, 심지어 문장과 문장 사이에 표지어가 없는 경우가 더 많다. 사례를 읽어 보자.

사례 | 용언은 어간과 어미로 이루어진다. 일반적으로 용언이 활용 할 때 변하지 않는 부분을 어간이라 하고 변하는 부분을 어미라 한다. 용언은 서술어뿐 아니라 주어, 목적어, 관형어, 부사어 등 여러 문장 성분으로 쓰이면서 다양한 문법적 기능을 한다. [SAT, 2013, 36~38, 개]

우리가 접하는 많은 텍스트는 이처럼 문장과 문장 사이에 '그러나, 따라서 등' 표지어가 없다. 그렇다면 문장 사이에 접속어가 없는 텍스트는 어떻게 문장의 흐름을 잡고 중심내용*을 알아볼 것인가? 따라서 자생적으로 텍스트를 다룰 수 없는 상태에서 표지어에만 의존해서 글을 읽는 것은 매우 위험하다. 만약 글쓴이가 내용의 논리와 상관없는 잘못된 표지어를 문장과 문장 사이에 선택했다면 여러분은 텍스트의 방향성을 어떻게 결정하겠습니까?

---

* 중심내용: 중심내용의 구분은 키워드, 중심문장, 화제문장, 문맥, 요지 등 다양하다. 이 책에서는 핵심어, 화제, 화제문장, 주제, 요약으로 중심내용을 구분하고 있다.

3
문단은 없다

문단은 글에서 하나로 묶을 수 있는 짧막한 단위를 의미한다. 그렇다면 문장이 몇 개 모여야 문단이 될까? 5개? 아니면 10개? 아이러니하게도 텍스트 단위에서 우리가 굳게 믿고 있는 문단은 없다. 다만 형식적인 문단만 있을 뿐이다.

텍스트의 차원

일반적으로 독자의 입장에서 텍스트를 읽을 때 단어나 한 문장을 쉽게 생각하고 문단이나 한 편의 주제가 어렵다고 느낀다. 수학적 언어로 표현하면 단어를 점, 한 문장을 선, 문장과 문장이 모인 문단은 면, 한 권의 책은 공간이라고 생각하듯 말이다. 재미있는 것은 영어에서 책을 'book'이라고도 하고 3차원의 용적을 뜻하는 'volume'^{동일 저작물을 여러 책으}

_{로 나누어 묶었을 때 그 각각의 책}'이라 칭하기도 한다. 물론 어원적 측면에서도 일치하는지 확인하지 못했지만 우연한 일치치곤 흥미로운 대목이다.

그러나 저자의 생각은 완전 반대다. 단어^{개념} 하나로 수백 가지 방향으로 사고를 확장할 수 있다. 일례로 '사랑'이라는 개념 하나는 첫 사랑, 짝사랑, 모성애, 부성애, 인류애 등 여러 가지 주제와 이야기를 만들어 낼 수 있는 잠재력이 있다. 백 권의 책으로도 사랑이라는 개념 하나를 모두 정리할 수 없는것이다. 대화에서도 마찬가지이다. 상대방이 한 단어나 한 문장만 말하고 말을 이어가지 않을 때 "어쩌라고?"라며 되묻는 경우가 그런 상황이다. 그리고 '한 문장'은 문장을 구성하는 주요 단어 수만큼 사고의 경우의 수 또한 다양하다. 따라서 단어나 한 문장만으로는 글의 전개 방향을 결정하거나 글쓴이의 의도를 파악하기 어렵다. 마치 어디로 튈지 모르는 럭비공과 같이 말이다. 이러한 관점에서 볼 때 독해하기 어렵고 난해한 단위는 단순해 보이는 '단어'나 '한 문장'이다.

반면 문장과 문장을 읽어 내려가다 보면 사고의 폭이 줄어드는 것을 경험할 수 있다. 물론 문장과 문장이 논리적으로 연결되었다는 전제로 생각할 경우이다. 문장과 문장이 만나면 사고의 경우의 수가 좁혀져서 선을 형성한다. 문장이 늘어날수록 그 선은 더욱 선명해진다. 결국 단어보다는 한 문장이, 한 문장보다는 여러 개의 문장으로 자세히 설명해야 개념 하나를 보다 쉽게 규정지을 수 있다. 따라서 단어는 3차원 공간, 한 문장은 2차원 면이다. 그리고 문장과 문장은 문맥을 만들어 1차원 선이 되는 것이다. 따라서 독서·독해의 핵심은 문장과 문장으로 형성된 선의 코드를 이해하는 것이다.

텍스트의 단위

눈을 감고 머릿속에 떠올려 보자. 텍스트 단위 하면 무엇이 떠오르는가? 단어, 구, 절, 문장, 문단, 한 편의 주제 아니면 한 권의 책, 겉으로 보이는 모습만 보면 모두 맞다. 단어와 단어가 모이면 구가 되고, 단어와 구, 안긴문장(절)이 모여 하나의 문장을 만든다. 여기까지는 학교 교육과정에서 정확하고 객관적으로 배울 수 있는 영역이다. 또한, 문장과 문장이 모여 하나의 문단을 만들며 이러한 문단과 문단이 모여 한 편의 주제 단위를 만든다. 그리고 이러한 편들이 무수히 많이 모여 한 권의 책이 만들어진다. 문제는 '한 문장'에서 '문단(문장+문장+...)'으로 건너뛰는 부분이다.

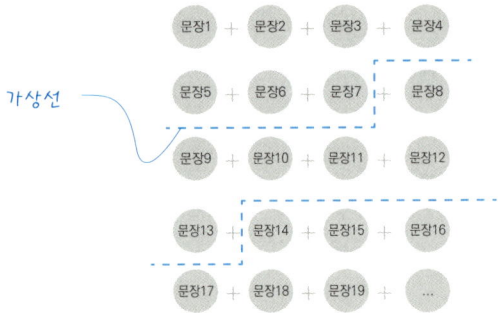

얼핏 정량적으로 보면 한 문장들이 모여 자연스럽게 문단이 되고 편이 되고 책이 되는 것처럼 보인다. 하지만 문장과 문장이 연결되는 것은 정성적인 관점에서 봐야 한다. 한 문장들이 많이 모인다고 해서 형식과 내용이 갖춰진 문단이 되지 않기 때문이다. 여기서 단락 또는 문단은 '문장과 문장 단위'를 기능적으로 나눈 가상선일 뿐이다. 마치 연속적인 땅의 특정 부분을 인위적으로 자른 행정구역 선이나 국경선처럼 말이다. 우리에게 익숙한 신문 사설이나 또는 책에 담긴 텍스트는 끊임없이 이어진 '문장+문장+...'이다. 결국 독서·독해의 관점에서 보면 모든 텍스트는 '문장과 문장 단위'만 존재한다. 나머지는 현상에 불과하다. 텍스트를 바라보는 이러한 관점은 구조적으로 텍스트를 읽기 위한 대전제이다. 정리해 보면 텍스트의 본질적 단위는 크게 두 가지로 구분할 수 있다. 첫 번째는 '한 문장 단위'이고, 두 번째는 '문장과 문장 단위'이다. 그리고 이 둘은 다르게 접근해야 한다.

4
학교문법만으로는 한계가 있다

언어별로 학교문법의 범위는 다양하다. 한국어는 문장구조, 문장 성분, 문장의 종류, 문장의 확대, 시간 표현, 높임 표현, 부정 표현, 사동·피동, 양태 표현 등으로 학교문법을 분류한다. 영어는 문장 구조, 문장 형식, 부정사, 동명사, 분사, 조동사, 시제, 법, 태, 일치, 명사, 관사, 대명사, 관계 대명사, 형용사, 부사, 비교, 접속사, 전치사, 특수구문 등으로 학교문법의 큰 틀이 정리하고 있다.

    영어든 한국어든 국어의 관점에서 문장을 정확하게 읽고 만들기 위해서는 많은 문법적 지식이 필요하다. 그래서인지 문장을 완성하고 이해하는 방법 또한 다양하다. 예를 들면 영어의 경우 문장의 형식이 중요하다고 말하는 사람이 있는가 하면 어떤 사람은 동사의 이해를 강조한다. 그뿐만 아니라 전치사, 조동사 등 다양한 관점에서 영어를 정복할 수 있다고 주장한다. 그런데 이러한 문법에서 다루는 범위가 어떠한가? 바로 단어, 구, 안긴문장(절)을 포함한 '한 문장 단위'이다. 하지만 한 문장을 잘 읽고 쓴다고 텍스트 논리가 완성되는 것이 아니다.

학교문법을 마스터하고도 텍스트가 여전히 부담스러운 것은 어찌 보면 당연한 결과이다. 개인의 문제가 아니다. 그것은 바로 학교문법의 태생이 한 문장을 정확하게 만드는 데 초점을 맞추고 있기 때문이다. 따라서 한 문장의 완성은 학교문법의 종착점이다. 하지만 두 문장 이상으로 구성된 문장과 문장 단위에서는 상황이 달라진다. 한 문장을 완성하는 능력과 그렇게 만들어진 '한 문장'과 '한 문장'을 연결하는 능력은 차원이 다른 것이다. 그래서 학교문법만으로는 한계가 있는 것이다. 그렇다면 이 한계를 어떻게 극복할 수 있을까?

이러한 한계를 극복할 수 있는 보완 체계가 '논리문법'(p.82~93 참조)'이다. 따라서 논리문법의 적용 대상은 '문장과 문장 단위'이며, 문장과 문장 사이의 연결에 초점을 맞춘다. 독서·독해력이 능숙하다는 것은 두 문장 이상으로 구성된 단위를 능숙하게 해석할 수 있다는 것을 의미한다. 여기서 왜? 학교문법만으로 복잡한 텍스트의 논리를 설명할 수 없는지 알 수 있다. 그래서 논리문법이 필요한 것이다. 학교문법은 한 문장이라는 구슬을 만드는 것이고 논리문법은 구슬과 구슬을 연결하는 실이다. 그리고 이러한 연결은 논리문법의 시작점이다. 독서·독해력을 키우기 위해서는 새로운 시작점의 이해와 숙달이 필요한 것이다.

5
영어와 한국어는 **공통점**이 있다

그럼 '한 문장 단위'와 '문장과 문장 단위' 관점에서 한국어와 영어를 비교해 보고 두 언어의 차이점과 공통점이 무엇인지 생각해보자. 사례를 읽을 때는 펜을 들고 메모하며 읽어야 한다.

사례 | ①우리에게 꿈이 중요한 까닭은 이처럼 자신도 깨닫지 못하는 무의식의 세계를 구체적으로 이해할 수 있는 형태로 바꾸어서 보여 주기 때문이다. ②우리는 꿈을 통해 그 사람의 잠을 방해할 정도의 어떤 일이 진행되고 있다는 것을 알 수 있을 뿐 아니라, 그 일에 대해서 어떤 식으로 대처해야 하는지까지도 알게 된다. ③그런 일은 깨어 있을 때에는 쉽사리 알아내기가 어렵다. ④이는 따뜻하고 화려한 옷이 몸의 상처나 결점을 가려 주는 것과 마찬가지로, 깨어 있는 의식이 내면 세계의 관찰을 방해하기 때문이다. ⑤우리는 정신이 옷을 벗기를 기다려 비로소 그 사람의 내면 세계로 들어갈 수 있다. [SAT, 2002, 56~60, 때]

사례 | ①Mathematics definitely influenced Renaissance art. ②Renaissance art was different from the art in the Middle Ages in many ways. ③Prior to the Renaissance, objects in paintings were flat and symbolic rather than real in appearance. ④Artists during the Renaissance reformed painting. ⑤They wanted objects in paintings to be represented with accuracy. ⑥Mathematics was used to portray the essential form of objects in perspective, as they appeared to the human eye. ⑦Renaissance artists achieved perspective using geometry, which resulted in a naturalistic, precise, three-dimensional representation of the real world. ⑧The application of mathematics to art, particularly in paintings, was one of the primary characteristics of Renaissance art. [SAT. 2005. 27]*

두 텍스트는 '무의식'과 '원근법'에 관한 내용을 한국어와 영어로 표현한 것이다. 우선 두 사례의 차이점은 내용을 떠나 문자 표기가 다르

---

* 사례) ①수학은 분명히 르네상스 미술에 영향을 주었다. ②르네상스 미술은 다양한 관점에서 중세 미술과 달랐다. ③르네상스 이전의 그림은 사실적이기보다는 평면적이고 상징적이었다. ④르네상스 시기의 예술가들은 회화를 혁신했다. ⑤그들은 그림을 정확하게 표현하고자 했다. ⑥수학은 그림을 인간의 눈에 보이는 대로, 원근법으로 사물의 본질적 형태를 표현하는 데 사용되었다. ⑦르네상스 예술가들은 기하학을 사용하여 원근법을 완성하였고, 이는 현실 세계와 같이 3차원적 표현을 가능하게 했다. ⑧미술에서 수학의 적용은 적용은 르네상스 미술의 주요한 특징 중 하나였다.

다. 더불어 동사의 위치, 구와 절을 만드는 방법, 수식하는 방향 등 크고 작은 면에서 한 문장을 만드는 방식이 다르다.

하지만 '문장과 문장 단위' 관점에서는 영어든 한국어든 공통점을 발견할 수 있다. 바로 문장과 문장의 연결 고리이다. 연결 고리를 명시적으로 보기 위해 원문을 해체해 보자. 우선 영어버전이다.

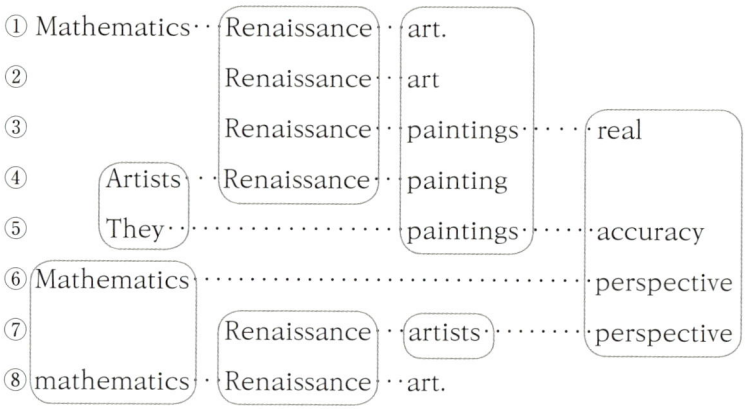

그럼 연결 고리를 바탕으로 중심내용도 정리해 보자. 여기서 많이 나오는 단어가 핵심어인가? 그럴 수도 있다. 하지만 이 방법은 원초적인 접근이다. 우리에겐 명시적이고 객관적인 방법이 필요하다. 많이 등장하는 단어가 중요한 것이 아니라 문장 간의 수직적 연결 고리가 중요한 것이다. 이를 근거로 중심내용을 결정해보면, 핵심어는 'Mathematics, Renaissance, art, perspective 등'이고, 이 여덟 문장의 화제는 'perspective'이다. 이어서 한국어 버전도 해체해 보면 다음과 같이 문장과 문장 간에는 연결 고리가 만들어지는 것을 확인할 수 있다. 이를 근거로 중심내용을 뽑아보면 핵심어는 '무의식(꿈), 의식, 내면 세계 등'이고, 이 다섯 문장의 화제는 '무의식'이 된다.

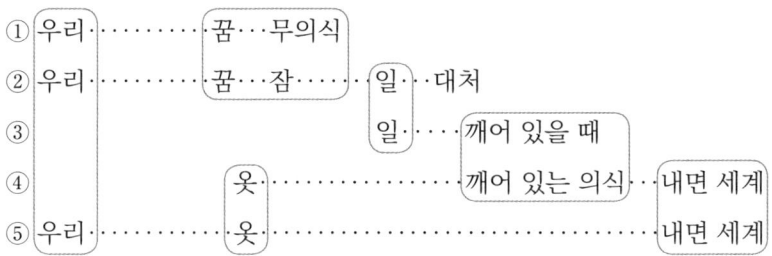

정리해 보면 두 언어는 내용과 표현 방식은 다르지만, 문장과 문장이 연결 고리가 만들어지는 원리는 같다. 확장해서 무의식과 원근법에 대한 이 내용은 중국어, 스페인어, 일본어 등 모든 언어로 표현할 수 있다. 그리고 모든 언어에서 한 문장을 만드는 방식은 다를지언정 이렇게 문장과 문장을 연결하는 이치는 동일하다. 이처럼 문장과 문장이 이어지는 논리 체계는 국가별 학교문법의 다양성을 초월한 공통점이다.

더불어 언어적 관점뿐만 아니라 논문, 보고서, 논설문, 에세이, 소설, 시처럼 다양한 장르의 텍스트 역시 공통점이 있다. 이 역시 문장과 문장 간에 연결 고리가 있어야 한다. 일례로 소설이나 시처럼 문학 작품을 떠올려 보면 감성적 정서가 움직인다. 하지만 소설과 같이 감성적인 내용의 텍스트도 앞뒤의 연결 고리가 끊겨 있다면 이해할 수 없다. 소설은 감성적 내용을 담고 있지만, 그 내용을 담은 텍스트는 이성적 속성에 기반을 두고 있기 때문이다. 바꿔말하면 논설문 등과 같이 이성적 내용이든 시처럼 감성적 내용이든 이성적 코드에 기반 해서 만들어진다는 것이다. 다만 담고 있는 내용이 감성적이기도 하고 논리적이기도 한 것이다. 반대로 감성적 코드의 대표주자인 그림의 경우도 이성적 내용을 담을 수 있다. 예를 들어 몬드리안의 「브로드웨이 부기우기」 추상화를 생각해 보면 결과가 전달하는 메시지는 지극히 이성적이다. 그렇다고 그림 자체의 속성이 이성적인 것은 아니다.

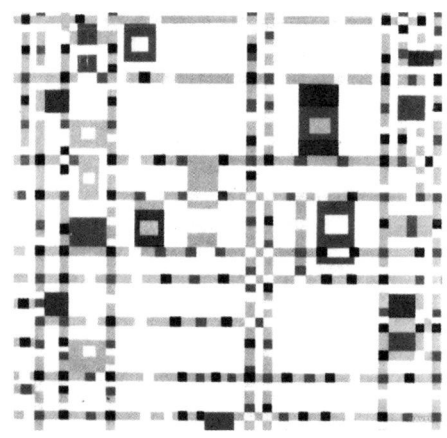

「브로드웨이 부기우기」, 1942~3

내용적 측면의 감성·이성과, 속성적 측면의 감성·이성을 구분할 필요가 있다. 속성이 이성적이라고 해서 내용도 이성적이어야만 하는 것은 아니다. 결국 텍스트라는 이성적 형식에 담긴 내용이 감성적이냐 아니면 논리적이냐로 나누어 생각할 수 있을 뿐이다. 따라서 논문, 보고서, 리포트, 에세이, 소설, 시, 신문기사, 드라마 대본, 영화 시나리오, 노래 가사, 쉬운 글, 어려운 글 등 이 모든 텍스트 역시 문장 간에 연결고리가 만들어지는 공통점이 있는 것이다.

# 6
글쓰기 고수는 '그러나'를 사용하지 않는다

좋은 글, 완성도가 높은 텍스트의 조건은 다양하다. 내용의 균형이 잡혀 있어야 하고, 중복을 피하고, 독자의 관점에서 간결하고 쉽게 읽혀야 한다. 그렇다면 내용을 떠나 형식적인 관점에서 완성도가 높은 텍스트의 구체적인 조건은 무엇일까? 우선, 가시적으로 문장과 문장 사이에 표지어가 많지 않아야 한다. 그러면서도 문장 간에 연결 고리가 있어야 한다. 그리고 문장 간의 방향성이 명확해야 한다.

　이러한 조건을 만족하는 대표적인 사례가 '시'이다. 시인이 위대한 직업인 이유는 짧은 문장으로 많은 메시지를 전달할 수 있기 때문이다. 더불어 문장과 문장 사이에 표지어를 사용하지 않고도 매끄럽게 여러 문장을 연결 지을 수 있기 때문이다. 다시 말해 표지어의 사용을 최소화하면서도 문장과 문장을 연결할 수 있을 뿐만 아니라 자신이 의도하는 방향으로 텍스트를 다룰 수 있기 때문에 시인을 높이 평가하는 것이다. 사례로 시 몇 편을 분석해보자.

섬 [정현종]

사람들 사이에 **섬**이 있다.
그 **섬**에 가고 싶다.

    이 짧은 두 문장으로 내용상으로 의미상으로 참 많은 생각을 우리에게 전달한다. 하지만 형식적으로는 아주 단순하다. '**섬**'을 주고받음 대상으로 두 문장 간에 연결 고리가 형성돼 있다. 그리고 두 문장 사이에는 표지어가 없다.

풀꽃 [나태주]

자세히 **보아야** 예쁘다.
오래 **보아야** 사랑스럽다.
너도 그렇다.

    이 시 역시 세 문장 사이에 표지어가 없다. 하지만 '**보아야**'와 '**예쁘다+사랑스럽다=그렇다**'를 주고받음 대상으로 짧은 문장과 문장이 연결 되어 있다. 이게 바로 이 시가 기억되는 하나의 이유이다. 이뿐만 아니라 논리적 인과 관계를 나타내는 내용도 표지어 없이 시로 표현할 수 있다. 다음 사례를 살펴보자.

시 / 지구(地球) 한 모퉁이 [나태주]

마당을 쓸었습니다.
지구 한 모퉁이가 깨끗해졌습니다.
꽃 한송이 피었습니다.
지구 한 모퉁이가 아름다워졌습니다.
마음속에 시 하나 싹 텄습니다.
지구 한 모퉁이가 밝아졌습니다.
나는 지금 그대를 사랑합니다.
지구 한 모퉁이가 더욱 깨끗해지고 아름다워졌습니다.

 이 시 또한 표지어 하나 없이 '지구 한 모퉁이'와 '깨끗해졌습니다, 아름다워졌습니다'를 주고받음 대상으로 문장과 문장 간의 수직적 연결 고리를 짓고 있다. 그럼 이 시의 중간 중간에 표지어를 넣어 일반 문장으로 바꿔 보자. "마당을 쓸었습니다. 그랬더니 지구 한 모퉁이가 깨끗해졌습니다. 더불어 꽃 한송이 피었습니다. 그래서 지구 한 모퉁이가 아름다워졌습니다. 한편으로 마음속에 시 하나 싹 텄습니다. 그래서인지 지구 한 모퉁이가 밝아졌습니다. 마찬가지로 나는 지금 그대를 사랑합니다. 그래서인지 지구 한 모퉁이가 더욱 깨끗해지고 아름다워졌습니다." 이처럼 일반문장과 시는 같은 내용이지만 전달되는 힘이 다르다. 시 한 편을 더 감상해보자.

자화상(自畵像) [윤동주]

산모퉁이를 돌아 논가 외딴 우물을 홀로 찾아가선 가만히 들여다봅니다.
우물 속에는 달이 밝고 구름이 흐르고 하늘이 펼치고 파아란 바람이 불고 가을이 있습니다.
그리고 한 사나이가 있습니다.
어쩐지 그 사나이가 미워져 돌아갑니다.
돌아가다 생각하니 그 사나이가 가엾어집니다.
도로 가 들여다보니 사나이는 그대로 있습니다.
다시 그 사나이가 미워져 돌아갑니다.
돌아가다 생각하니 그 사나이가 그리워집니다.
우물 속에는 달이 밝고 구름이 흐르고 하늘이 펼치고 파아란 바람이 불고 가을이 있고 추억처럼 사나이가 있습니다.

　이 사례 역시 문장 간의 연결 고리를 확인할 수 있다. 물론 모든 시가 이처럼 연결 고리를 형성하는 것은 아니다. 표지어도 없을뿐더러 앞뒤 관계 파악이 어려운 시도 많다. 하지만 우리가 친근하게 읽고 듣고 기억하는 작품은 이처럼 문장과 문장 간에 연결 고리가 형성되는 공통점이 있다.

7
문장을 말하는 사람
명제를 말하는 사람

'언어'는 인간이 '음성'과 '문자의 방식'으로 생각을 표현하는 수단이다. 이 중 문자의 방식인 텍스트를 통해 자기 생각이나 감정을 완결된 내용을 나타내는 최소의 단위가 '문장'이다. 하지만 일반적으로 문장은 감성적인 내용과 이성적인 내용을 모두 포함하고 있다. 이중 자기 생각이나 주장을 이성적 또는 논리적인 방식으로 정리한 문장이 '명제'이다. 즉, 명제는 자기 생각을 주장하는 데 있어 그 주장의 '참'과 '거짓'을 판단할 수 있는 문장이라는 점이 특징이다.

문장과 명제

예를 들어 1)'사람은 누구나 죽는다.', 2)'태양이 지구 주위를 돈다.', 3)'아는 것이 힘인가?', 4)'성공하려면 스펙이 좋아야만 한다.' 이 네 개의 문장 중 1)은 참이고, 2)는 거짓임을 판단할 수 있다. 따라서 명제이다. 그러나 문장 3)은 판단이 아닌 답을 해야 하는 질문 형식이고, 문장 4)는 입장에 따라 참일 수도 거짓일 수도 있어 명제가 아니라 일반 문장이다.

여기서 포괄적인 문장의 개념이 있음에도 불구하고 별도로 '명제'라는 개념을 설정하는 이유는 무엇일까? 언급했듯이 일반 문장의 내용은 감성적이기도 하고 이성적이기도 하고, 모호하기도 하고 명확하기도 하듯 다양하다. 하지만 의사소통이란 주관적인 억지가 아니라 객관적인 공감이 우선해야 한다. 그래서 논리적 표현 방식 또는 누구나 객관적으로 평가하고 판단하는 방법인 명제가 필요한 것이다.

참 명제의 조건

명제가 참이기 위해서는 우선 일반성과 보편성이 있어야 한다. 몇 가지 상황에만 적용되는 문장은 거짓 명제가 되기 때문이다. 또한 시간상으로 지속성이 있어야 한다. 16세기 중반까지 지배해온 프톨레마이오스의 천동설이 코페르니쿠스의 지동설에 의해 뒤집히는 명제 또한 종국적으로는 거짓이 되기 때문이다. 시간성과 더불어 장소성도 명제의 중요한 요건이 된다. 한국에서는 통하지만, 미국이나 유럽에서는 통하지 않는 내용은 명제로서 적합하지 않다. 이와 같이 특정한 몇몇 사람이 아니라 모든 사람에게 해당 되어야 명제로서 자리매김할 수 있다.

이러한 관점에서 문자 언어^{텍스트}를 객관적으로 읽고 쓰는 원리를 명제로 정리할 수 있을까요? 지금까지 많은 사람이 저술을 통해 글 읽기와 글쓰기 전략에 대한 자신의 주장을 세상에 내놓았습니다. 하지만 저자에게만은 그 주장들이 거짓 명제였습니다. 과정 없이 결론만 있었기 때문입니다. 그래서 과정을 담은 'TM 명제'를 여러분께 소개하고자 합니다.

TM 명제

텍스트 메커니즘 명제의 구성 요소는 다음과 같다. '학교문법, 한 문장 단위, 수평적 연결, 수식에 의한 연결, 표지어에 의한 연결'과 '논리문법, 문장과 문장 단위, 수직적 연결, 표지어 있는 문장과 문장의 연결, 표지어 없는 문장과 문장의 연결' 이 두 부류의 키워드들을 연결해서 명제로 정리해보면 다음과 같다.

텍스트는 이성적 사고 표현의 결정체이고, 이성적 사고의 핵심은 연결이다. 텍스트 단위는 '한 문장 단위'와 '문장과 문장 단위'로 구분된다. 한 문장은 수평적 연결이고, 수평적 연결은 학교문법을 통해 완성된다. 문장과 문장은 수직적 연결이고, 수직적 연결은 논리문법을 통해 완성된다. 결국, 텍스트는 논리문법을 통해 극복할 수 있다.

-TM-

모든 텍스트는 이 TM 명제를 공통으로 적용할 수 있으며, 이 책의 목차를 구성하는 뼈대이자 전체 내용을 아우르는 결론이다.

용어 및 기호의 정리

이 책의 본문에서 사용하는 주요 용어는 '텍스트, 한 문장 단위, 문장과 문장 단위, 학교문법, 논리문법, 텍스트 메커니즘, 표지어 등이 있다. 여기서 '텍스트'는 주석, 번역, 서문 및 부록 따위에 대한 본문이나 원문을 뜻한다. 언어학에서 문장보다 더 큰 문법 단위로 문장이 모여서 이루어진 한 덩어리의 글을 의미한다. 이 책에서는 인쇄매체 방식인 텍스트와 글, 제시문을 같은 의미로 사용하고 있다. '한 문장 단위'는 텍스트의 단위 중 하나로 학교문법을 통해 완성할 수 있는 형식을 갖춘 문장을 의미한다. '문장과 문장 단위'는 '문장+문장+…'처럼 여러 개의 한 문장이 논리적으로 연결된 텍스트 단위를 의미한다.

'학교문법'은 한 문장을 완성하는 체계로 학생들을 가르치기 위한 실용적인 목적으로 서술한 문법을 의미한다. '논리문법'은 문장과 문장 단위를 연결하는 원리를 의미한다. 저자가 가장 중요하게 생각하는 개념이다. '표지어'는 부사를 중심으로 한 연결어미, 접속어, 접속부사 등 논리적 사고와 관련되는 연결어를 총칭한다. '주고받음'은 물건 따위를 남에게 건네서 다른 사람이 주거나 보내오는 것처럼 말 그대로 주고받는 개념이다. '방향성'은 논리적 사고 체계에 따른 순류, 역류 등 사고의 흐름을 의미한다. '순서지움'은 뒤엉킨 내용 논리를 재구성하는 것을 의미한다.

용어와 더불어 이 책에서 사용하는 주요 기호는 순류, 역류, 대립·대조, 흐름 전환, 더하기, 빼기, 대·소, 동등·유사 등을 언급하고 있다. '순류'는 물이 위에서 아래로 흐르듯이 사고의 흐름이 앞에서 뒤쪽으로 흐르는 것을 의미하는 개념으로 '→'로 표시한다. '역류'는 물이 거슬러 올라가듯이 사고의 흐름이 뒤에서 앞쪽으로 흐르는 것으로 '←'로 표시한다. '대립·대조'는 의견이나 처지, 속성 따위가 서로 반대되거나 부딪침을 의미하며 '↔'로 표시한다. 더불어 '흐름 전환'은 '⌐'로, '더하기'는 '+'로, '빼기'는 '-'로, '대·소'는 '〉나 〈'로, '동등·유사'는 '≒' 로 표시하고 있다.

사전적 의미에서 '단어'는 분리하여 자립적으로 쓸 수 있는 말을 의미하고, '구(句)'는 둘 이상의 단어가 모여 절이나 문장의 일부분을 이루는 토막을 의미하며, '안긴문장(절)'은 안은문장 속에 절의 형태로 포함된 문장을 의미하는데 이러한 '단어, 구, 절'은 알파벳 소문자 'a, b, c, d…'로 표시한다. '문장의 기호는 알파벳 대문자 'A, B, C, D…'로 표시한다. '문단'은 글에서 하나로 묶을 수 있는 짤막한 단위를 의미하는 것으로 '㉮, ㉯, ㉰, ㉱…'로 표시한다.

이 책의 서술 방식은 반복과 참조 페이지 연계를 통해서 입체적으로 설명하고 있다. 그리고 본문의 사례는 완성도가 높은 대학수학능력시험(SAT)의 언어·국어영역, 법학적성시험(LEET)의 언어의 이해·논술, 공무원 적성시험(PSAT)의 언어논리 등 기출 텍스트를 기준으로 발췌했다. 모든 사례는 [출처, 년도, 문단 및 문장 번호] 순으로 표기하고 있다. 참조할 것은 사례, 인용 등의 텍스트는 **블루칼라**를 사용하였고 저자가 설명하는 내용은 블랙칼라 코드를 사용하고 있다. 본문의 서술은 문장의 구조, 품사, 글의 전개 방식 등 기초적인 학교문법적 내용은 숙지하고 있다는 것을 전제로 설명하고 있으며, 마지막으로 사례를 읽을 때는 펜을 들고 메모하면서 읽기와 쓰기 훈련하시길 당부드립니다.

텍스트의 본질을 이해하기 위해서는 한편의 시보다 중요한 중, 이질적 사고와 조건 중, 어질과 사고와 세계이해할 필요가 있다. 우선, 언어가 명확나 생각이 먼저나? "언어가 먼저"라고말하는(경제)는 소쉬르와 같은 언어학자의 입장이다. 그의 입장에서 보면 생각보다 언어가 중요한 연구대상이다보니 지금의 언어학이장을 때나 적절한 동하다. 우리는 일상적 생활을 하나 한대 특정으로 "생각하는 나"를 매개 논리적이기 때문이다. 더불어 언어로 표현할 수 있는 대가 더 말세상의 문제를 해결하기 위해서 여러분은 텍스트의 본질이 무엇이라고 생각합니까? 극복하기 위해서는 어떻게 해야 할까요? 이러한 질쉽게 설명할 방법으로 사자성어

텍스트의 이해

한 문장 & 문장과 문장

1장

나는 **생각**한다, 고로 **표현**한다

데카르트는 진리 탐구를 위해 모든 것에 물음표를 던졌다. 그리고 아무리 의심해도 변하지 않는 진리가 '끊임없이 생각하는 나'라는 결론을 내렸다. 그의 생각 모두를 이해하기 위해서는 아마 평생을 공부해도 시간이 부족할 듯하다. 그래서 결론에 도달하는 바로 앞부분부터 읽어가 보자.

".... 거기에서 내가 한 최초의 여러 성찰에 관하여 이야기해야 할지 나는 잘 모르겠다. 그것들은 너무 형이상학적이고 흔치 않은 것이어서 아마 누구에게도 흥미 있는 것이 못될 것이기 때문이다. 하지만 내가 택한 기초가 충분히 확고한 것인지를 사람들이 판단할 수 있도록 이야기하지 않을 수 없을 것 같다. 앞서 말한 바와 같이, 나는 오래전부터 실생활에서는, 매우 불확실한 것임을 알고 있는 의견들을 마치 의심할 것이 아닌 양 따르는 것이 가끔 필요함을 깨닫고 있었다. 그러나 이제는 내오로지 진리 탐구에 몰두하고자 하기 때문에, 이와 아주 반대되는 일을 해야 한다고 생각하였다. 즉, 조금이라도 의심할 수 있다고 생각되는 모든 것을 절대로 거짓된 것으로 버린 후에 전혀 의심할 수 없는 어떤 것이 내 신념에 남지 않을지 보아야 한다고 생각하였다. 이리하여 때때로 감각이 우리를 속이기 때문에, 감각이 마음속에 그려주는 대로 있는 것은 아무것도 없다고 상정하려 하였다. 그리고 기하학의 가장 단순한 문제에 관해서도 추리를 잘못하여 여러 가지 오류 추리를 하는 사람들이 있으므로, 나도 다른 누구 못지않게 잘못에 빠질 수 있다고 판단하고 내가 전에 논증으로 보았던 모든 추리를 잘못된 것으로 버렸다. 그리고 끝으로, 깨어 있을 때에 가지는 모든 생각과 똑같은 것이 잠들고 있을 때에도 우리에게 나타나는데, 이때 참된 것은 하나도 없음을 생각하고 나는 여태껏 정신 속에 들어온 모든 것이 내 꿈의 환상보다 더 참되지 못하다고 가정하기로 결심했다. 그러나 금방 그 뒤에, 그렇게 모든 것이 거짓이라고 생각하고 싶어 하는 동안에도 그렇게 생각하는 나는 반드시 어떤 무엇이어야 한다는 것을 깨달았다. 그리고 '나는 생각한다, 그러므로 나는 존재한다.'라는 이 진리는 아주 확고하고 확실하여, 회의론자들의 제아무리 터무니없는 가정들을 모두 합치더라도 흔들어 놓을 수 없음을 주목하고 나는 주저 없이 이것을 내가 찾고 있던 철학의 제1원리로 받아들일 수 있다고 판단하였다. ..." 「방법서설」 제4부 하나님 및 인간 영혼의 현존의 증명 中

중요한 것은 이 불친절한 명제를 바탕으로 인류 역사는 이전 시대와 다른 변곡점을 그렸고, 근 400여 년이 지난 지금도 여전히 회자되고 재평가되고 있다는 것이다. 이제는 누구나 생각이 존재하는 나와 밀접한 관련이 있음을 알고 있고 말할 수 있다.

일반적 관점에서 인간은 크게 정신과 육체로 나누어 생각할 수 있다. 프로이트의 생각을 빌리면 정신은 의식^{사고}의 영역과 무의식의 영역으로 구분된다. 다시 사고는 이성적 사고와 감성적 사고, 감성적이기도 하고 이성적이기도 한 모호한 사고 등 다양한 사고가 존재한다. 그리고 이러한 사고의 표현 방법 또한 다양하다. 딱딱한 텍스트, 말랑말랑한 그림, 청각을 자극하는 음악, 흥겨움을 표현하는 춤, 오감을 자극하는 영화 등 수 많은 표현의 영역이 있다. 이 중 텍스트가 가장 객관적인 표현 수단이다. 다시 말해 내 생각을 타인에게 가장 정확하게 또는 오해를 최소화할 수 있는 방식이 텍스트를 통한 커뮤니케이션이다.

이러한 텍스트의 본질을 이해하기 위해서는 인간의 생각과 표현 방식 즉, 이성적 사고와 텍스트의 관계에 대해서 이해할 필요가 있다. 언어가 먼저냐? 생각이 먼저냐? "언어가 있기 때문에 인간은 생각할 수 있다.", "인간이 언어의 주인이 아니라 오히려 언어 구조가 인간의 주인이다." 이러한 명제는 언어학자의 입장이다. 소쉬르와 같은 언어학자의 입장에서 보면 언어가 생각하는 나보다 우선한다. 무엇보다 이러한 주장의 근거는 사과, 이성, 책 등 단어부터 언어 구조까지 모든 것이 이미 존재하고 결정되어 있다는 것이다. 하지만 모든 언어가 존재하고 결정된 것은 아니다. 여전히 변하고 없어지고 새로 만들어지는 과정에 있는 언어도 있다. 단어뿐만 아니라 문법 체계도 마찬가지이다.

이성의 절정기 근대를 지나 현대철학에서 아무리 이성을 성찰하고 재평가하더라도 인간을 규정하는 특징으로 '생각하는 나'를 배제해 버릴 수는 없다. 왜냐하면 이성적 사고를 부정하는 생각 역시 지극히 논리적이기 때문이다. 더불어 현대를 살아가는 나에게 중요한 것은 언어를 통해 생각하는 나보다 생각을 언어로 표현할 수 있는 내가 더 중요하다. 아무리 혁신적인 생각을 해도 표현하지 못하면 옆에 있는 사람도 뒤에 있는 사람도 알 수 없기 때문이다. 그렇다면 여기서 생각의 핵심이 무엇일까? 더불어 사고와 텍스트의 관계는 어떻게 규정지을 수 있을까?

2장
텍스트는 논리적 사고 표현의 **결정체**다

인간이 만든 객체는 다시 인간을 이해함으로써 더 깊이 이해할 수 있다. 이러한 관점은 텍스트도 마찬가지이다. 흔히 인간을 정의하기를 '인간은 생각하는 동물이다.'라는 명제로 표현 한다. 이때 생각은 이성적 사고와 감성적 사고를 모두 포함한다. 하지만 데카르트의 관점에서 보면 생각은 감성적 측면보다는 이성적 측면이 중요하다. 그렇다면 이 이성적 사고와 텍스트의 관계는 어떻게 규정지을 수 있을까? 저자는 이 둘의 관계를 '**텍스트는 이성적 사고 표현의 결정체이다.**'라고 정의하겠다. 플라톤과 데카르트가 생각을 정리한 수단, 아카데미에서 논문을 작성하는 주요 수단, 법정에서 논증을 위해 요구되는 주요 수단은 바로 텍스트이기 때문이다. 그래서 텍스트를 통해 지식을 축적하고 후대에 전하는 것이다. 그래서 텍스트를 통해서 법전을 담아두는 것이다. 그래서 텍스트로 시험을 보는 것이다. 고전적인 방식이지만 텍스트는 논리를 기반으로 하는 강력한 매체이다.

세계에는 5,000여 종이 넘는 언어가 존재^{외국인을 위한 한국어 문법, 국립국어원}하고 그에 따른 학교문법 또한 다양하게 존재한다. 흥미로운 것은 이 다양한 학교문법 체계로 구성된 언어들이 번역과 통역을 통해 그 의미를 유사하게 유지하며 다른 언어로 변환될 수 있다는 것이다. 그것도 한 문장을 넘어 한 편의 주제나 책으로 말이다. 우리는 이렇게 번역된 방대한 내용을 어떻게 이해할 수 있을까? '텍스트 즉, 문자 언어는 이성적 사고 표현의 결정체이다.'를 전제로 했을 때 영어로 표현된 내용을 한국어로 번역할 수 있는 이유는 국어의 메커니즘^{학교문법}은 국가 또는 언어마다 다르지만, 사고의 메커니즘^{논리문법}은 공통적 요소가 있기 때문이다. 다시 말해 국어적 차원의 표현 방식은 다르지만, 이성적 사고의 원리는 공통점이 있기 때문에 우리는 번역과 통역을 통해 의미를 공유할 수 있는 것이다.

데카르트의 제 1원리의 핵심은 '이성적 사고'이다. 그리고 이성적 사고를 표현하는 방법의 결정체는 텍스트이다. 그렇다면 우리의 목적인 텍스트를 잘 다룬다는 것은 이성적 사고를 잘 독해한다는 뜻이 된다. 여기서 이성적 사고는 무엇일까? 쉽지 않다. '이성'이라는 개념은 많은 의미를 내포하고 있기 때문이다. 통상 '이성적인^{rational}'에서 '이성'이 의미하는 것은 우선 '개념적으로 사유하는 능력을 감각적 능력에 상대하여 이르는 말로 인간을 다른 동물과 구별시켜 주는 인간의 본질적 특성' 또는 '철학에서 진위, 선악을 식별하여 바르게 판단하는 능력'을 의미한다. 더불어 '영구불변의 진리, 보편타당한 법칙, 필연적 증거, 체계적 완결성 등'을 지칭하기도 한다. 왠지 더 어려워진 듯한데 그냥 톱

니바퀴를 상상해 보자. 앞쪽 톱니가 돌아가면 필연적으로 뒤쪽 톱니가 돌아가죠? 이러한 필연적 관계가 형성되는 이치가 바로 '이성'이다.

우리는 그동안 '이성적'이라는 말을 수도 없이 말하고 들어왔다. 재밌는 것은 이러한 이성과 밀접한 개념이 바로 논리^{logic}라는 것이다. 텍스트를 분석 대상으로 봤을 때 이성과 논리는 같은 의미라 봐도 무방하다. 이게 바로 이 책에서 규정하는 이성적 사고 즉, 논리적 사고이자 텍스트 메커니즘$^{text\ mechanism}$이다. 왜냐하면, 인간의 이성이 만들어낸 물질적 결정체는 기계^{machine}이고 관념적인 표현 수단은 바로 텍스트^{text}이기 때문이다. 따라서 텍스트와 메커니즘*은 궁합이 잘 맞는 조합이다.

그럼 인간과 이성적 사고, 그리고 텍스트의 관계에 대해 생각해 보자. 근대 이후 인간의 이성적 사고 능력은 지식의 생산자^{필자}와 지식의 소비자^{독자}의 상호보완 작용을 통해 발달해 왔다고 해도 과언이 아니다. 필자는 자기 생각을 텍스트를 통해 논리적으로 표현하고, 다시 독자는 표현된 텍스트를 읽음으로써 지식의 폭을 넓힘과 동시에 이성적 사고

---

* 메커니즘: 모든 현상을 자연적 인과 관계와 역학적 법칙으로 설명하려는 이론. 생명 현상은 무생물계에서 나타나는 물리적·화학적 작용에 의하여 기계가 작동하는 원리와 같다고 하는 이론. 기계론이라고도 한다.

력을 발달시키는 과정을 통해서 말이다. 이처럼 사고의 메커니즘과 텍스트의 메커니즘은 상호보완적 관계뿐만 아니라 본질적 속성 또한 밀접하게 연관되어 있다. 결국, 사고의 메커니즘을 알아야 텍스트를 통해 자기 생각을 객관적으로 표현할 수 있다. 그리고 텍스트 메커니즘을 알아야 텍스트로 표현된 필자의 생각을 객관적으로 독서·독해할 수 있다. 이러한 관점에서 보면 텍스트 메커니즘은 사고의 메커니즘을 전제로 한다. 그리고 이 둘의 공통점은 '연결'로 귀결된다.

3장
논리의 핵심은 연결이다

텍스트와 이성적 사고 체계에 대한 관계를 이해했으니 이제 모든 것을 접목해 보자. 결국, 가장 중요한 것은 논리이다. 논리를 정확하게 이해하면 모든 것이 풀린다. 우리는 그동안 많은 교육과 학습을 통해 논리에 투자해 왔다. 하지만 이 논리는 논리학이라는 분야로 떨어져 나올 만큼 거대한 분야가 되어버렸다. 귀납법, 연역법을 필두로 논증, 공리, 삼단논법, 변증법, 언어 논리, 논리적 사고, 경제 논리, 수리 논리 등 수많은 대상이 이 논리의 수식을 받으며 재탄생하고 있다. 그 결과 논리는 자꾸만 멀어져 가고 있는 느낌이다. 시간이 지날수록 전문적이고 복잡해지기 때문이다. 그러나 뛰어난 이론과 원리는 어려운 말들로 포장되지 않는다. 그럼 "저 사람은 논리적이다."라고 말할 때 논리적이란 의미를 초등학생도 이해할 수 있도록 쉽게 설명해보자. 바로 연결이다. '앞뒤 말의 연결'인 것이다. 좀 더 정확하게는 '이전·이후 말의 연결'이다.

근대 사회가 규정한 인간의 보편적 특성은 이성적 사고이고, 이러한 이성적 사고는 논리와 밀접하게 연관되어 있다. 다시 말해 이성적 사고의 본질 역시 연결이라고 할 수 있다. 텍스트의 일반적 성격인 선형적, 체계적, 위계적 특성은 연결과 관련되어 있고, 논리 또한 핵심이 연결이다. 결국 모든 것의 관계가 설정되는 공통적인 속성은 '연결'이다.

주변을 살펴보면 많은 것들이 연결되어 있다. 심지어 표면적으로는 감성적인 매체도 이성에 기반을 두고 있는 경우가 많다. 일례로 드라마를 생각해 보면 아주 쉽다. 아마도 여러분은 드라마를 처음부터 보지 못하고 중간부터 보게 된 경험이 있을 것이다. 기억을 더듬어 보자. 그 드라마는 앞뒤 내용의 연결이 되지 않아 집중도 안 되고 재미도 없다. 왜 그럴까? 미디어라는 감성적 매체는 사실 작가의 시나리오^{텍스트}에 기반을 두고 만들어지기 때문이다. 유머도 마찬가지이다. 사람들은 예상하지 못한 반전이 있을 때 웃는다. 하지만 이것만으로는 부족하다. 반전과 더불어 연결 코드가 있어야 한다. 주말에 즐겨보는 개그 프로그램 코너에서 여성이 "내가 비키니 입고 걸어가면…"이라고 말하자 남성 왈 "남자들이 비키지."라고 받아치자 헛웃음이 나오는 경우도, 모 광고에서 "아~ 요즘은 갱년기 때문에 장사가 안돼~" 말하자 "불경기겠지~" 하며 받아치거나, 연예 프로그램에서 사회자가 "가수로서 바람이 있다면?" 질문에 "가장 오래 활동한 가수가 되고 싶어요."라고 답변하자 바로 "오래 사실 건가 봐요."라고 받아치자 객석에서 웃음이 나오는 것은 생각하지 않은 부분이 연결되었기 때문이다. 하지만 이는 단어의 앞 음절, 중간 음절, 끝음절 중 하나를 매칭하는 방식으로 연결 고리의 관계가 직설적이고 가끔은 억지스럽기도 하다. 어쨌든 웃음이 터지는 시점은 때로는 유치하게 때로는 생각하지 못했던 연결 고리가 있다. 아무리 반전이 있어도 연결이 안 되면 웃음이 아니라 침묵이 흐르게 된다. 결국 유머도 논리적 속성을 기반으로 만들어지는 것이다.

텍스트도 같은 맥락이다. 문장과 문장의 연결 고리를 찾아야 집중할 수 있고 이해할 수 있고 그 이해한 내용을 기억할 수 있다. 따라서 읽고 쓰기의 핵심은 마침표로 단절된 문장과 문장의 연결 관계를 이해하는 것이다.

4장
쓰기는 연결 고리를 만드는 것이고, 읽기는 연결 고리를 찾는 것이다

텍스트 단위의 구분과 연계해서 머릿속에 있는 생각을 글로 표현하기 위해서는 크게 두 단계를 거쳐야 한다. 우선 '한 문장'을 완성하는 단계이다. 한 문장은 총체적인 학교문법을 통해서 완성된다. 정확한 한 문장을 완성하기 위해서는 여러 가지 지식이 총동원되어야 한다. 두 번째는 완성한 '문장과 문장을 연결'하는 단계이다. 여기서 글을 쓴다는 의미는 무엇일까? 책을 쓴다는 의미는 무엇일까? 역설적이게도 우리가 실질적으로 쓸 수 있는 텍스트 단위는 한 문장 단위밖에 없다. 따라서 우리가 이해하고 있는 글쓰기의 핵심은 문장과 문장을 연결하는 것이다. 읽기도 마찬가지이다. 결국, 읽고 쓰기의 진짜 의미는 반복적으로 문장과 문장의 연결 고리를 찾는 것이고 짓는 것이다.

우리는 그동안 한 문장을 만들고 읽는 방식은 객관적으로 배웠다. 그러나 문장과 문장을 구체적으로 어떻게 접근해야 하는지 한 문장 단위처럼 명료하게 배운 적이 없을 것이다. 그럼 구체적으로 한 문장을 쓰고, 문장과 문장 단위를 연결하는 방법을 정리해보자. 우선, 머리에 떠오르는 대로 한 문장을 계속해서 만들어 놓자. 여기서 중요한 것은 단어나 구가 아니라 한 문장을 완성해 놓아야 한다는 것이다. 한 문장을 완성하는 방법은 다양하다. 일례로 '문장과 문장 단위에서는 논리문법이 핵심이다.'처럼 직설적으로 표현할 수 있고, '문장과 문장 단위는 논리문법의 꽃이다.'처럼 은유적이고 감성적으로 표현할 수도 있다. 학교 문법적 형식을 떠나 내용적 관점에서 한 문장의 표현은 선택하는 어휘와 수사법*에 따라 계속 업그레이드할 수 있다. 혼을 담은 한 문장을 만들기 위해서는 경험과 시간과 노력이 필요하다.

한 문장을 계속해서 만듦과 동시에 문장과 문장 단위를 연결해가는 과정(p.82~85 참조)을 통해 생각을 연결하는 훈련을 한다. 분명한 것은 처음에는 어렵겠지만 이러한 사고 과정을 반복하다 보면 단계를 줄여나갈 수 있고 점차 속도가 붙게 될 것이다. 설령 속도가 느리다 해도 내가 쓴 글을 내가 평가하며 퇴고할 수 있다는 것은 분명 이전과는 다른 글쓰기

---

* 수사법: 문장은 단순히 뜻을 통하는 것만이 아니라 표현하고자 하는 생각과 느낌을 보다 구체적이고 정확하게 전달하도록 문장을 다루는 기술을 뜻한다.
1. 비유법 : 표현하려는 대상을 다른 대상에 빗대어 표현하는 방법 (직유법, 은유법, 의인법, 활유법, 풍유법, 대유법, 의성법, 의태법)
2. 강조법 : 표현하려는 내용을 강하고 뚜렷하게 나타내어 독자에게 강렬한 인상이 느껴지도록 표현하는 방법 (과장법, 반복법, 점층법, 점강법, 대조법, 영탄법, 열거법, 비교법, 명령법, 현재법, 미화법)
3. 변화법 : 문장의 단조로움을 피하기 위해 어구나 문장에 변화를 주어 지루한 느낌이 나타나지 않도록 하는 방법 (대구법, 도치법, 설의법, 연쇄법, 반어법, 역설법, 인용법, 생략법, 돈호법, 문답법)

를 하고 있는 것이다.

　정리해보면 한 문장의 완성도를 높이는 노력과, 문장과 문장 단위 즉, 텍스트의 완성도를 높이는 노력은 구분되어야 한다. 한 문장은 학교문법적 내용과 표현력 등을 중점적으로 업그레이드하는 것이다. 반면 문장과 문장 단위에서는 논리적 연결이 완성도를 높이는 핵심이다. 결국 글쓰기는 한 문장의 완성도를 높이는 단계와 완성된 문장과 문장을 논리적으로 연결하는 두 단계를 거쳐 완성된다. 따라서 읽기와 쓰기는 같은 맥락이다. 더불어 듣기는 읽기와 표현의 방식이 다를 뿐이며, 말하기와 쓰기 또한 같은 맥락에서 표현의 방식이 다를 뿐이다. 하지만 이 네 가지는 주체와 형식만 다를 뿐 속성의 본질 면에서는 논리문법적 사고로 통합할 수 있다. 그러므로 읽고 듣고, 말하고 쓰는 행위의 핵심은 바로 연결이다. 만일 여러분이 이 네 가지가 어렵다고 느낀다면 생각의 연결 코드를 이해하지 못해서이다.

간지 스토리 1

몇 어찌

―――――

내가 중학교의 전 과정을 단 1년간에 수료하는 J중학 속성과^{速成科}에 입학한 것은 3·1 운동 이듬해였다. 그 때까진 고향에서 한문학^{漢文學}에 몰두하고 있었다. 한문학이라면 노상 무불통지^{無不通知}를 자처하는 나였으나, '처녀작', '삼인칭' 같은 신식 말 때문에 크게 고심^{苦心}하던 중이어서, 나는 참으로 부푼 가슴을 안고 신학문^{新學問}을 배우러 들어갔던 것이다.

  나는 개학 전날, 교과서를 사 가지고 하숙에 돌아와 큰 호기심을 가지고 훑어보았다. 그러던 중, '처녀작', '삼인칭'에 못지않은 참 기괴한 또 한 단어를 발견했는데, 그게 곧 '기하^{幾何}'라는 것이었다. '기하^{幾何}'의 '기^{幾}'는 '몇'이란 뜻이요, '하^{何}'는 '어찌'란 뜻의 글자임이야 어찌 모르랴만, 이 두 글자로 이루어진 '기하'란 말의 뜻은 도무지 알 수가 없었다. '기하'라? '몇 어찌'라니?

  첫 기하 시간이었다. 나는 자리를 정돈하고 앉아서 선생님을 기다렸다. 이윽고 선생님께서 들어오셔서 우리들의 예를 받으시고, 막 강의^{講}

薰를 시작하려 하실 때였다. 맨 앞줄에 앉았던 나는 손을 번쩍 들고, "선생님, 대체 '기하幾何'가 무슨 뜻입니까? '몇 어찌'라뇨?" 하고 질문을 했다. 선생님께서는 이 기상천외奇想天外의 질문을 받으시고, 처음에는 선생님을 놀리려는 공연한 시문試問으로 아셨던지 어디서 왔느냐, 정말 그 뜻을 모르느냐 하고 물으셨다. 그러나 곧, 나에게 아무 악의惡意도 없음을 알아채시고, 그 말의 유래由來와 뜻을 가르쳐 주셨다.

가로되, 영어의 '지오메트리geometry, 측지술'를, 중국 명明나라 말기의 서광계徐光啓가 중국어로 옮길 때, 이 말에서 '지오geo, 땅'를 따서 '지허'幾何'의 중국음'라 음역音譯한 것인데, 이를 우리는 우리 한자음漢字音을 따라 '기하'라 하게 된 것이라고.

"알겠느냐?"
"예"
"너, 한문은 얼마나 배웠느냐?"
"사서삼경四書三經 제자백가諸子百家 무불통지無不通知입니다."
"그런데, '기하'의 뜻을 모른다?"
"한문엔 그런 말이 없습니다."
"허허. 그런데, 너 내일부터는 세수 좀 하고 오너라."
"예"

사실 나는 '기하'란 말의 뜻과 그 미지未知의 내용을 생각하는 데 너무 골똘했던 나머지, 세수하는 것도 잊고 등교했던 것이다. 나머지 시간을 일사천리一瀉千里로 강의가 계속되어, '점, 선, 면'의 정의定義를 배우고, '각角, 예각, 둔각, 대정각'을 배우고, '공리公理, 정리定理, 계'란 용어를 배웠다. 하숙에 돌아온 나는 또, '정리란 증명을 요하는 진리다.'와 같은, 참으로 기괴한 문장을 뇌까리면서, 다음 기하 시간을 초조하게 기다렸다.

다음 날의 기하 시간이었다. 공부할 문제는 '정리 1. 대정각은 서로 같다.'를 증명하는 것이었다. 나는 또 손을 번쩍 들고, "두 곧은 막대기를 가위 모양으로 교차交叉, 고정固定시켜 놓고 벌렸다 닫았다 하면, 아래 위의 각角이 서로 같을 것은 정한 이치인데, 무슨 다른 '증명'이 필요하겠습니까?" 하고 말했다. 선생님께서는 허허 웃으시고는, 그건 비유지 증명은 아니라고 하셨다.

"그럼, 비유를 하지 않고 대정각이 같다는 걸 증명할 수 있습니까?"

"물론이지. 음, 봐라."

선생님께선 칠판에다 두 선분線分을 교차交叉되게 긋고, 한 선분의 두 끝을 A와 B, 또 한 선분의 두 끝을 C와 D, 교차점을 O, 그리고 각 AOC를 a, 각 COB를 b, 각 BOD를 c라 표시한 다음, 나에게 질문을 해 가면서 칠판에다 식式을 써 나가셨다.

"a+b는 몇 도?"

"180도입니다."

"b+c도 180도이지?"

"예."

"그럼, a+b=b+c이지?"

"예."

"그러니까, a=c 아니냐."

"예. 그런데, 어찌 됐다는 말씀이십니까?"

"잘 봐라, 어떻게 됐나."

"아하!"

멋모르고 "예, 예."하다 보니 어느덧 대정각(a와 c)이 같아져 있지 않은가! 그 놀라움, 그 신기함, 그 감격, 나는 그 과학적, 실증적 학풍^{學風} 앞에 아찔한 현기증을 느끼면서, 내 조국^{祖國}의 모습이 눈앞에 퍼뜩 스쳐 감을 놓칠 수 없었다.

현대 문명^{現代文明}에 지각하여, 영문도 모르고 무슨무슨 조약에다 "예, 예." 하고 도장만 찍다가, 드디어 "자 봐라, 어떻게 됐나."의 망국^{亡國}의 슬픔을 당한 내 조국! 오냐, 신학문을 배우리라. 나라를 찾으리라. 나는 그 날 밤을 하얗게 새웠다.

나는 지금도 첫 강의 시간에는 대개, 위에 적은 이야기를 학생들에게 들려주고, 중학교에 들어가서 기하를 처음 배울 때, 그 말의 뜻을 묻는 학생이 과연 몇이나 되느냐 하고 농담 삼아 질문을 한다. 그리고, 이러한 '발의심^{發疑心}' 과 새 세계에 대한 '경이감^{驚異感}'을 잃지 않았기에, 알량하나마 학적 저서^{學的著書} 약간 권^卷을 이룩했노라고 말한다.

양주동
국문학자, 시인
1903. 6. 24~1977. 2. 4

논리와 감성

전문가와 사기꾼은 어떻게 구분할 수 있을까요? 이 둘의 차이점은 우선 현실적으로 실현 가능성 여부입니다. 그다음 실현된 내용이 사회적으로 합법적 인지 여부가 둘을 가르는 경계선입니다. 하지만 이 둘의 공통점도 있다. 앞뒤 말을 잘 연결한다는 것입니다. 다시 말해 논리적이지요. 이 사람들의 말을 들어 보면 그럴듯하기 때문에 사람들이 믿기도 하고 속기도 하는 것입니다. 따라서 '논리, 실현 가능성, 합법성' 이 세 가지 조건이 성립되어야 진정한 전문가입니다. 사기꾼은 두 가지가 부재한 채 앞뒤 말만 끊임없이 이어갑니다.

주변을 보면 말을 참 논리적으로 잘하는 사람들이 많습니다. 그렇다면 적어도 상대방의 논리력을 평가할 수 있어야 이 험한 세상 속지 않고 살 수 있지 않을까요? 더불어 고(故) 양주동 선생님께서 지적하신 망국의 슬픔이 번복되는 것 또한 막을 수 있지 않을까요? 고대, 중세, 근대를 지나 현대를 살면서 논리 즉, 이성적 사고는 이제 선택이 아니라 필수다. 근대 이후 과학에서는 이성을, 철학에서는 논리를 중심에 두고 객관적 세계관을 구축해 왔다. 하지만 현대 철학은 원리, 법칙 등 이성적 사고에 치중한 근대 철학의 문제점을 지적하며 우연, 관계, 차이, 감성 등 이성이 아닌 다른 측면의 가치들을 재평가하고 있다. 그 결과 근래에는 이성보다도 감성이, 정신보다도 신체가 더 부각되고 있다. 특히 감성적 코드는 사회적 경제적 차원에서도 우리 생활 속에 깊숙이 자리매김하고 있다.

하지만 짚고 넘어가야 하는 것은 감성만은 아니라는 것이다. 이는 이성을 극복한 감성이다. 예를 들어 피카소의 추상화는 전통 드로잉 기법을 자유자재로 다루는 것을 전제로 가능했다. 구상을 극복한 사람이 추상을 넘어갈 수 있고, 이 추상을 극복한 사람은 다시 더욱 진보한 구상을 만들어 낼 수 있는 것이 아닌가 싶다. 다시 말해 추상은 구상을 전제로 하며 진보한 구상은 다시 추상을 전제로 한다. 최악의 경우는 구상 없는 추상이다. 해체하기 위해서는 우선 해체의 대상(구상)이 있어야 하기 때문이다. 이성적 사고력을 갖추고 감성적 표현을 할 수 있는 사람과 그냥 감성적인 사람은 차원이 다르다. 이성이 중심인 시대는 지났다. 그렇다고 이성이 필요없는 시대는 아니다.

이성과 인내심

뇌를 연구하는 학자들은 나이를 먹을수록 전두엽이 발달하며 동시에 이성이 발달한다고 주장 한다. 이성이 발달하면 좌뇌와 더불어 전두엽도 발달 하나보다. 그런데 나이를 먹은 성인이 모두 이성적인가? 그렇지 않은 사람들도 많다. 저자가 보기에 이성 즉, 논리는 나이가 든다고 자연스럽게 발달하는 것이 아니라 인위적인 노력과 훈련을 통해서 발달하는 것이다. 그럼에도 불구하고 이러한 주장이 그럴듯해 보이는 것은 이성과 인내심이 비슷해 보이기 때문이다. 일상생활에서 본능에 따라 움직이거나 감정적으로 행동하지 않을 때 우리는 이성적이라는 표현을 한다. 하지만 본능과 감정을 누르는 것은 이성과 더불어 인내심도 있다. 성인이 되면 유년기보다 청소년기보다 인내심이 늘어나는 것이 일반적이다. 하지만 이성적 사고는 공부를 통해서 훈련을 통해서 다듬어지고 완성되는 것이다. 물론 이성과 인내심의 경계를 정량적으로 구분할 수는 없다. 분명한 것은 넓은 의미에서 이성은 인내심을 포함한다. 하지만 좁은 의미에서 이성은 인내심과 본질적으로 다르며 구분되어야 한다. 여러분은 인내심이 많은 사람인가요? 아니면 이성적인 사람인가요?

TExt MEchanism & THinking MEchanism

여러분은 텍스트의 본질이 무엇이라고 생각하십니까? 이러한 질문을 쉽게 설명할 방법으로 사자성어 지피지기(知彼知己)처럼 여기서 지피 즉 알아야 하는 대상은 텍스트이고, 이성적 사고를 의미한다. 그럼 이 둘의 관계는 규정 텍스트를 읽음과 동시에 자동으로 배경지식의 유

›
한 문장의 오해,
문장과 문장의 이해

학교문법 & 논리문법

5장
한 문장의 범주와
한 문장의 단위

국어나 외국어를 공부하면서 많은 시간을 투자하는 것이 한 문장이다. 얼핏 보기에 간단한 것 같지만, 평생을 공부해도 어려운 것이 한 문장이기 때문이다. 그렇다면 어디서부터 어디까지를 한 문장으로 규정할 수 있을까? 한국어의 경우 한 문장의 범주는 홑문장에서 겹문장*까지이고, 영어에서는 단문, 중문, 복문, 혼성문 등으로 구분하고 있다. 참고할 것은 '겹문장=홑문장+홑문장'만이 아니다. '홑문장+겹문장'이나 '겹문장+겹문장'도 겹문장이 된다.

---

* 겹문장과 홑문장: 문장은 성분들의 짜임새에 따라 '홑문장'과 '겹문장'으로 나뉘며, 겹문장은 다시 '안은문장'과 '이어진 문장'으로 나뉜다. 홑문장은 문장에서 가장 중요한 서술어와 주어가 한 번만 맺어져 있는 문장 짜임새를 말하며, 겹문장은 한 개 이상의 홑문장이 다른 문장 속의 한 성분으로 안겨서 문장 속의 문장이 되거나, 홑문장들이 서로 이어져 하나의 문장을 이루는 것을 말한다. 이러한 겹문장의 안음은 명사절 안음, 관형사절 안음, 부사절 안음, 서술절 안음, 인용절 안음으로 분류되며, 이어진 문장은 대등적 연결과 종속적 연결로 나누어진다. 외국인을 위한 한국어 문법 | 국립국어원

"원리는 기술을 만든다." 이 문장은 주어, 목적어, 동사 등이 하나로 구성된 홑문장^{단문}이다. 하지만 이처럼 단어로 이루어진 짧은 문장은 많지 않다. 우리가 접하는 대부분의 한 문장은 겹문장으로 중문이고 복문이다. 다음 사례를 살펴보자. "과도적인 생활 양식은 전통 사회의 생활 양식의 일부와 외래적인 생활 양식의 일부가 계층 간 세대 간, 지역 간의 격차를 보이면서 서로 융합되지 않은 채로 혼재하거나, 아니면 어느 정도 변질된 과거의 생활 양식이 외래적인 유형과 적당히 타협해서 일시적인 적응을 가능하게 하는 형태의 관행이 된다. [SAT, 2001, 18~22, 따①]" 이 문장 역시 한 문장이다. 문장 대부분은 이처럼 단어, 구, 절과 함께 문법적 관계가 복잡하게 구성된다.

하지만 이러한 겹문, 중문, 복문 등 문장의 구분은 글의 전개방식*과 같이 결과적으로 인지되는 것이지, 글을 쓰는 과정에서 생각해야 하

---

* 1)예시: 세부적인 사례를 들어 일반적인 원리나 법칙, 개념 등을 구체화하는 진술 방식.
2)분류, 구분: 작은 항목종개념에서 큰 항목유개념으로 묶어 가는 것을 분류라 하고, 큰 항목유개념에서 작은 항목종개념으로 가르는 것을 구분이라 함.
3)비교, 대조: 둘 또는 그 이상의 사물들에 대하여 그들이 지니고 있는 비슷한 점을 밝혀 내는 지적 작용을 비교라 하고, 그 차이점을 밝혀 내는 지적 작용을 대조라 함.
4)유추, 비유: 어떤 대상을 범주가 다른 대상에 비겨 진술하는 방식. 일종의 확장된 비교로서, 잘 알려진 것을 통하여 알려지지 않은 것을 설명하는 것이며, 두 대상들 사이의 공통점은 비유로서의 성격을 지님.
5)서사: 일정한 시간내에서 일어나는 일련의 행동이나 사건의 전개에 따른 행위에 초점을 두고 전개하는 방식.
6)과정: 어떤 특징의 결말이나 결과를 가져오게 하는 일련의 행동, 변화, 기능, 단계, 작용 등에 초점을 두는 전개 방식.
7)인과: 어떤 결과를 가져오게 한 힘, 또는 이러한 힘에 의해 결과적으로 초래된 현상에 관심을 두는 전개 방식. 등

는 내용이 아니다. 다시 말해 하나의 주제를 텍스트로 쓰고 나니까 단문이 되고 중문이 되고 복문이 되는 것이지, 처음부터 '복문 2개, 중문 3개, 단문 3개를 써야지.' 하며 글을 쓰는 것이 아니라는 것이다. 따라서 이러한 문장의 구분은 참조로 이해하고 넘어가면 된다. 그럼 한 문장의 범위와 더불어 문장 안으로 들어가서 한 문장의 단위*를 살펴보자.

단어

단어**는 분리하여 자립적으로 쓸 수 있는 말이나 이에 준하는 말. 또는 그 말의 뒤에 붙어서 문법적 기능을 나타내는 말 _{표준국어대사전}을 뜻한다. 단어는 언어마다 그 어원이 다르다. 따라서 단어 간의 개념이 똑같이 일치하지는 않는다. 일례로 한국어의 '글'은 영어의 'text(텍스트)'로 번역될 수 있다. 하지만 'text'는 '글'의 개념과 100퍼센트 1:1 대응이 성립하지 않는다. 소쉬르의 표현을 빌리면 '기표'와 '기의'만 일치하지 않는 것이 아니라, '기의'와 '기의'의 관계도 일치하지 않는 경우가 많은

---

* '한 문장 단위'와 '한 문장의 단위'를 혼동하면 안된다. '한 문장 단위'는 텍스트 단위의 하나이고, '한 문장의 단위'는 한 문장을 구성하는 단어, 구, 안긴문장(절)을 의미한다.

** 한국어의 경우 단어와 더불어 단어보다도 작은 단위인 '형태소'로까지 구분하고있다. 형태소를 흔히 의미를 가진 최소의 단위라고 하는데, 예를 들어 '먹-, -어서, 바쁘-, -게'는 형태소이며, '먹어서, 바쁘게'는 형태소들이 모여 이루어진 단어이다. 물론 '소, 책, 나무, 매우'처럼 형태소와 단어가 일치하는 경우도 있다. _{외국인을 위한 한국어 문법 | 국립국어원} 한국어의 관점에서 보면 영어의 전치사 등은 단어가 아니라 문법적 의미를 나타내는 형태소로 구분 할 수 있을 듯 하다.

것이다. 더불어 단어 간의 품사도 일치하지 않는다. 일례로 한국어에서 '그리고'는 부사인 반면, 영어에서 'and'는 접속사*인 것처럼 말이다. 한편 한국어에서 하나의 단어는 대부분 하나의 품사이다. 하지만 영어에서 하나의 단어는 여러 개의 품사가 되는 경우가 더 많다. 따라서 외국인의 입장에서 영어 단어를 암기할 때는 품사를 알아보는 것이 중요하다. 무엇보다 단어의 의미는 시간과 환경에 따라 조금씩 변화된다. 확장되고 좁혀지고 심지어 전혀 다른 의미로도 바뀌곤 한다. 그래서 단어는 지속해서 확인하고 또 확인해야 한다.

구

단어가 모여 문장 일부분을 이루는 토막을 '구'라 한다. 한국어의 경우 구는 명사구, 동사구, 형용사구, 관형사구, 부사구 5품사로 구분하고, 영어의 경우 4품사^{명사구, 동사구, 형용사구, 관형사구, 부사구}로 구분하고 있다. 여기서 구는 단어보다 품사의 종류가 적은 것을 알 수 있다. 그리고 구의

---

* 한국어는, 영어나 불어와 달리 문장과 문장을 연결해 주는 접속사와 같은 어휘 범주가 별도로 존재하지 않는다. 한국어에서 문장과 문장을 이을 때는 서술어로 쓰인 동사나 형용사의 어간에 '-아/-어, -게, -지, -고' 등과 같은 연결어미를 붙인다. 그런데 한국어에서는 연결어미에 의해 문장을 연결할 뿐만 아니라 접속사처럼 쓰이는 별도의 어휘로 문장을 연결하는 경우도 있다. 즉 '그러나, 그래서, 그렇지만' 등이 영어나 불어 등의 접속사와 같은 기능을 한다. 그러나 이들은 '그렇다, 그러다' 등의 동사나 형용사에 연결어미 '-나, -어서, -지만' 등이 붙어서 만들어진 것으로 접속사로 처리하지 않고 접속 부사로 보는 것이 일반적이다. 외국인을 위한 한국어 문법, 국립국어원

조합은 단순히 '단어+단어'가 아니라 '단어+구', '구+구'도 구가 된다.

한국어와 달리 영어의 경우 명사구·형용사구·부사구를 만드는 방법은 크게 두 가지로 이해할 수 있다. 동사를 포함하는 방법과, 전치사와 명사의 연결처럼 동사를 포함하지 않는 방법이 있다. 이 중 주목해야 하는 방식이 동사를 포함하는 경우이다. 예를 들어 준동사라고 칭하는 to부정사, 동명사, 분사의 경우는 주어를 제외한 5형식 문장이 모두 적용되어 구를 만들 수 있다. 더불어 관계대명사를 통해서 주어나 목적어가 빠진 5형식 문장을 모두 구의 형태로 만들 수 있다. 다시 말해 구를 만드는 데 있어 때로는 주어 없는, 때로는 목적어 없는 불완전한 5형식 등 다양한 문장을 만들 수 있어야 하는 것이다. 따라서 구를 단순히 단어 몇 개가 붙은 개념으로 이해하면 안 된다. 반면 한국어의 경우 문장의 정의 자체가 주어가 생략될 수 있기 때문에 동사를 포함하는 구는 '안긴문장(절)'으로 분류된다. 한국어 관점에서 보면 동사를 포함한 구는 없는 것이다.

안긴문장(절)

안긴문장은 주어와 술어를 갖추었으나 독립하여 쓰이지 못하고 다른 문장의 한 성분으로 쓰이는 단위로, 안은문장 속에 절(節)의 형태로 포함된 또 하나의 문장이다. 예를 들어 '비트켄슈타인은 「논리 철학 논고」라는 책에서 언어가 세계에 대한 그림이라는 '그림이론'을 주장한다.'에서 '언어가 세계에 대한 그림이라는' 따위가 안긴문장이다. 이처럼 안긴문장은 문장 안에 문장 개념으로 다시 안긴문장 안에 또 절이 들어갈 수도 있다. 절의 품사 구분은 한국어의 경우 4품사(명사절·관형절·부사절·서술절)로, 영어는 3품사(명사절·형용사절·부사절)로 구분하고 있다.

참고로 안긴문장(절)을 단순히 주어와 동사가 있는 것으로 이해하면 안 된다. 문장에 형식이듯 절에도 형식이 있다. 다시 말해 문장의 형식은 구^{영어에 한함}와 안긴문장(절)을 만들 때도 그대로 적용된다. 따라서 문장의 형식은 그 자체보다 구와 절을 만드는 데 활용되는 것이 더 중요하다. 한 문장의 형식은 결과인 동시에 다시 문장을 만드는 과정에 활용되기 때문이다.

한 문장의 형식은 국가마다 언어마다 구분 체계와 방법이 다르다. 한국어는 5개의 기본 문장 형식으로, 영어의 경우는 5형식으로 구분하고 있다. 하지만 5형식이 문장의 형식을 결정하는 최선일까? 아마도 발달한 언어는 문장의 형식이 더 다양할 것이다. 어찌 되었든 이러한 문장의 형식은 문장 성분과 품사^{정성적 부분}, 한 문장의 범위와 단위^{정량적 부분} 이 네 가지 개념 간의 조합으로 완성되는 것이다.

6장
문장의 연결, 한 문장은 수평적 연결이다

문장을 이루는 구성 요소가 '성분成分'이고, 두 개 이상의 성분이 결합해서 한 문장이 만들어진다. 문장의 가장 기본적인 성분은 서술어이며, 주어, 목적어, 보어 등 다른 성분들은 서술어와 직접적 혹은 간접적으로 결합되어 있다. 더불어 문장 성분을 정확하게 이해하기 위해서는 품사의 개념이 우선 정립되어야 한다. 품사는 단어를 문법적 성질에 따라 분류한 갈래를 가리킨다. 한국어의 경우 9품사*로 영어의 경우 8품사**로 구분하고 있다. 그런데 품사는 단어로만 구성되는 것이 아니다. 구나 절 단위에서도 품사 개념이 확장된다. 명사는 명사구·명사절명사류로, 형용사는 형용사구·형용사절형용사류로, 부사는 부사구·부사절부사류 처럼 말이다. 결국 한 문장은 품사 개념이 '한 문장의 단위'와 융합해서 문장

---

* 9품사: 명사, 대명사, 동사, 형용사, 관형사, 부사, 조사, 수사, 감탄사
** 8품사: 명사, 대명사, 동사, 형용사(영어의 형용사는 한국어의 관형사와 같다), 부사, 전치사, 접속사, 감탄사

성분이 되고, 이러한 문장 성분의 조합되는 방식에 따라 다양한 문장의 형식*이 결정되고 완성되는 것이다.

'한 문장 단위는 수평적 연결이다.'라는 명제는 다소 추상적으로 들릴 수 있다. 하지만 이는 복잡한 한 문장을 압축적으로 나타내는 정의이다. 그렇다면 한 문장 단위에서 수평적 연결을 읽는 방법과 수평적 연결을 짓는 방법은 어떻게 규정지을 수 있을까? 수평적 연결의 관점에서 한 문장은 크게 '수식에 의한 연결'과 '표지어에 의한 연결'로 구분해서 이해하면 된다.

수식에 의한 연결, 수식하는 품사와 수식 받는 품사

수식은 '문장의 표현을 화려하게, 또는 기교 있게 꾸밈', '문장에서 말을 덧붙여 뜻을 더욱 분명하게 하는 일'을 뜻한다. 그렇다면 무엇이 무엇을 수식하며 연결할까? 단어가 단어를, 구가 단어를, 절이 단어와 구를 수식하는 것이 아니다. 그렇다고 목적어가 주어를 수식하는 것도 아니고, 보어가 동사를 수식하는 것도 아니다.

---

* 문장의 형식(한국어 vs. 영어)

1) 주어+서술어	1) 주어+자동사
2) 주어+부사어+서술어	2) 주어+자동사+보어
3) 주어+목적어+서술어	3) 주어+타동사+목적어
4) 주어+보어+서술어	4) 주어+타동사+간접 목적어+직접 목적어
5) 주어+목적어+부사어+서술어 등	5) 주어+타동사+목적어+목적보어

수식 개념과 밀접한 것은 명사, 형용사^{한국어 문법에서는 관형사라 칭함}, 부사 이 세 개의 품사이다. 그리고 이 품사 간의 관계는 큰 틀에서 부사는 수식하기만 하고, 형용사는 수식하기도 하고 받기도 한다. 마지막으로 명사는 수식 받기만 한다. ^{물론 세부적으로 들어가면 명사가 명사를 수식하기도 하고 부사가 부사를 수식하기도 한다.} 이처럼 연결의 관점에서 품사 간에 수식하고 수식 받는 방식은 모든 언어에서 동일하다. 다만 영어와 한국어의 경우 어순 즉, 수식하는 위치와 방향이 다를 뿐이다.^(p.138~141 참조) 결국, 한 문장의 핵심은 수식하는 품사, 수식 받는 품사의 메커니즘인 것이다. 그렇다면 문장 성분과 품사의 관계는 어떻게 규정할 수 있을까? '주어=명사류', '목적어=명사류', '보어=명사류, 형용사류'가 아니라 주어와 목적어는 '최종 수식 받는 명사류'이고, 보어는 '최종 수식 받는 형용사류와 명사류'가 되는 것이다. 최종 수식 받는 품사의 다른 이름이 주어이고, 목적어이고, 보어일 뿐이다. 결국, 문장 성분의 실체는 최종 수식 받는 품사이다.

여기서 한 가지만 더 생각해보자. 3품사 중에서 가장 특징이 두드러진 품사가 무엇일까? 바로 부사이다. 문장 성분에서 주어나 목적어는 있어도 명사, 형용사는 없다. 그럼에도 불구하고 부사는 다르다. 부사는 문장의 형식에서 자유롭다. 위치도 자유롭다. 심지어 부사류는 문장 성분에서도 이름이 바뀌지 않는다. 그리고 명사나 형용사에 비해서 상대적으로 수는 적지만 가장 빈번하게 등장하는 것이 부사이다. 다시 말해 부사류는 그 자체적으로 역할이 가장 많다. 더불어 부사구나 부사절을 만드는 방식도 다양하다. 영어의 경우 전치사+명사, to 부정사, 분사 등 처럼 말이다.

표지어에 의한 연결, 논리와 가장 밀접한 품사는 부사다

그동안 부사류는 문장에서 종속절, 삽입, 부요소 등으로 중요성 면에서 3순위였다. 하지만 한 문장에서 부사류의 역할은 매우 중요하다. 모든 언어에서 부사는 논리적 사고 표현과 밀접하고, 생각의 디테일한 묘사를 담당하기 때문이다. 예를 들어 한 문장 속 서술어의 행위가 일어난 장소나 시간, 원인 및 행위가 일어나는 데 쓰이는 재료나 도구, 수단, 목적, 양보, 조건, 결과, 정도 등을 구체적으로 표현할 수 있는 것이 대부분 부사와 관련되어 있다. 학교문법적 관점에서 한국어의 경우 이를 연결어미* 등에서 확인할 수 있고, 영어의 경우 접속사나 전치사 등을 통해서 만들어지지만 결국 이 모든 것은 부사류로 환원된다.

하지만 부사류와 관련된 연결어미 등 표지어의 분량은 평생 공부해도 시간이 부족할 정도이다. 한 문장 안에서, 문장과 문장 사이에서 연결하는 수많은 접속어가 있다. 모든 것을 다 알 수가 없다면 무엇을 챙겨야 할까? 변하지 않는 속성, 논리적 사고와 연관된 요소, 모든 언어의 공통적 속성에 해당하는 요소를 챙기면 된다. 따라서 저자는 이렇게 방대한 표지어들의 분류 체계를 방향성 개념과 접목해서 재구성하고자 한다.

이 책에서는 연결어미 등 한 문장 단위 표지어를 내용의 흐름을 결정하는 '흐름 표지어'와 내용의 관계를 나타내는 '관계 표지어'로 나누

---

* 연결어미: 어간에 붙어 다음 말에 연결하는 구실을 하는 어미. '-게', '-고', '-(으)며', '-(으)면', '-(으)니', '-아/어', '-지' 따위가 있다. 표준국어대사전

흐름 표지어

순류

a에 따라 b, a를 비롯하여 b, a하여 b, a를 통하여 b, a에 의해서 b, a면 b, a를 바탕으로 b, a기 때문에 b, a할 때(경우) b, a한 다음 b, a로써 b, a할수록 b, a를 토대로 b, a으므로 b 등

역류

a기 위해서 b, a하려고 b, a하도록 b, a려면 b, a는 b 때문이다, a는 b에 기인한다, a는 b를 통해 이루어진다 등

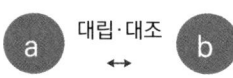
대립·대조

a보다 b, a못지않게 b, a이 아니라 b, a에 관계없이 b, a에도 불구하고 b, a되 b, a대신 b, a(하)면서[1] b, a대비 b 등

관계 표지어

더하기
+

a하는 한편 b, a뿐만 아니라 b, a 나아가 b, a 및 b, a은/는 물론 b, a 이외에 b, a를 포함하여 b, a하며 b 등

빼기
−

a(이)나 b, a를 제외하고 b, a 또는 b, a든지 b, a 가운데 b 등

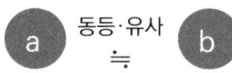
동등·유사
≒

a만큼 b, a와 같은 b, a처럼 b, a하듯이 b, a와 마찬가지로 b, a는 것은 b다 등

대·소
〉

a는/가 b보다, a을/를 넘어 b 등

어 논리문법에 적용하고 있다. 이러한 표지어에 방향성 개념을 대입해 보면 왼쪽 도식과 같이 흐름 표지어는 '순류, 역류, 대립·대조 등'으로 구분할 수 있고, 관계 표지어는 '더하기, 빼기, 동등·유사, 대·소 등'으로 구분할 수 있다. 이러한 방향성 개념의 구체적인 사례의 적용 시범은 부록^(p.192~21 참조)에 단계별로 정리해두었다. 이 장에서는 방향성과 표지어의 관계를 중점적으로 이해하고 넘어가면 된다.

이러한 구분이 다소 낯설 수도 있을 것이나 이는 익숙한 연결어미나 접속어의 분류 체계를 넘어 텍스트 단위별 논리적 사고 체계에 따른 분류이다. 논리는 연결이고 연결에는 흐름이 있고 흐름은 방향성이 있다. 즉 논리적 사고 체계는 방향성을 가지며 이러한 방향성을 인지하는 방법의 하나가 연결어미, 접속어 등 표지어이다. 그래서 방향성 개념과 관련된 표지어의 정확한 이해는 텍스트를 극복하는 데 있어 전제되어야 한다. 이성적 사고를 이해하기 위해서는 이성적 사고와 관련된 요소를 챙기면 되기 때문이다. 참고로 '표지어=방향성'이 아니다. 방향성을 인지하는 방법의 하나가 표지어이다. 즉, 방향성이 상위 개념이고 표지어는 방향성을 가시적으로 확인할 수 있는 한 가지 방법이라는 것을 꼭 기억해야 한다. 그리고 이 방향성 개념 역시 '한 문장 단위'와 '문장과 문장 단위' 별로 나누어서 적용할 수 있다.

7장

문장과 문장의 연결,
문장과 문장은 수직적 연결이다

텍스트 논리는 '한 문장 단위'를 만드는 논리와, '문장과 문장 단위'를 연결하는 논리가 있다. 이 중 우리가 글을 읽고 쓰는 최종 목적은 한 문장을 잘 읽고 잘 쓰는 것이 아니다. 한 문장 단위와 더불어 문장과 문장 단위 텍스트를 논리적으로 읽고 쓰는 것이 목적이다. '모든 텍스트에는 공통점이 있다.' 저자가 프롤로그에서 언급한 내용이다. 여기서 텍스트는 문장과 문장 단위를 의미한다. 따라서 텍스트를 잘 다루기 위해서는 문장과 문장 단위의 보편적 특징을 이해하면 된다.

'문장과 문장 단위는 수직적 연결이다.'라는 명제 또한 추상적으로 들릴 수 있다. 하지만 이는 인간의 이성적 사고 체계를 압축적으로 나타내는 정의이다. 재미있는 것은 우리가 어릴 적부터 즐겨온 끝말잇기 게임과 원숭이 엉덩이는 빨개 동요 속에 수직적 연결을 이해할 수 있는 힌트가 들어있다는 것이다.

끝말잇기는 여러 사람이 삥 둘러앉아, 한 사람이 한 낱말을 말하면 다음 사람이 그 말의 끝음절을 첫음절로 하는 낱말을 불러 이어 가는 게임 형식이다. 일례로 사과→과도기→기술자→자생력... 에서 '과', '기', '자'가 단어와 단어를 연결하는 연결 고리가 된다. 하지만 이 게임은 적용 단위가 '단어'와 '단어' 중심이며 연결 요소는 단어의 '음'을 단순하게 연결하는 방식이다. 그러므로 끝말잇기 게임을 많이 한다고 해서 독서·독해력이 향상되지는 않는다. 말 그대로 게임으로 끝난다.

"원숭이 엉덩이는 빨개 빨가면 사과 사과는 맛있어 맛있으면 바나나 바나나는 길어 길면 기차 기차는 빨라 빠르면 비행기 비행기는 높아 높으면 백두산..." 이 노래의 적용 단위는 '구' 와 '구'를 중심으로 '단어'와 '단어'가 연결 고리를 만드는 방식이다. 노래 가사의 수직적 연결 고리를 보다 직관적으로 확인하기 위해 가사를 해체해 보자.

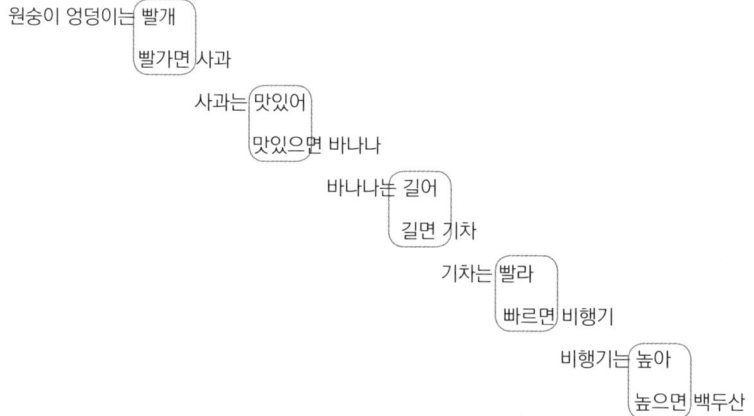

하지만 이 역시 쉬운 연결이다. 독서·독해에서 필요로 하는 사고의 연결은 적용단위가 '문장과 문장 단위' 중심이며 연결 요소는 '단어, 구,

안긴문장철, 한 문장 전체 등' 다양한 단위로 연결된다. 뿐만 아니라 '여러 개의 단어, 구' 차원의 다양한 요소들이 수직적으로 연결된다. 이러한 연결 요소가 될 수 있는 것은 한 문장의 주요소인 주어, 목적어, 보어 등이 될 수 있으나 문장과 문장의 연결은 꼭 주요소만으로 연결되지 않는다. 따라서 수직적 연결은 문장의 주요소를 넘어 모든 경우의 수 차원에서 폭넓게 생각해야 한다.

그렇다면 이러한 수직적 연결 코드를 알아볼 수 있는 논리문법적 사고는 무엇일까? 바로 '주고받음 개념'이다. 주고받음의 의미는 아주 쉽다. 지금 여러분의 머릿속에 그려지는 바로 그 모습이다. 400m 계주 달리기를 상상해보자. 내가 친구에게 바통을 넘겨주고 친구는 내가 주는 바통을 받고, 또는 그 친구는 다른 친구에게 바통을 넘겨주고 또 다른 친구는 그 바통을 넘겨받는 모습 말이다. 비유해 보면 사례로 든 나와 친구가 '문장'이고, 넘겨주고 넘겨받는 바통이 문장과 문장을 연결해주는 '주고받음 대상'으로 이해하면 된다.

주고받음 개념 Give & Take conception

문장과 문장 단위 텍스트를 읽는 추진력은 우선 처음 문장에서 이후 문장에, 다음 문장에서는 이전 문장으로부터 그리고 또 이후 문장에 넘겨주고 넘겨받는 주고받음 대상을 의식적으로 확인하는 과정을 통해 발달시킬 수 있다. 더 자세히 정리해보면 『첫 번째 문장에서는 두 번째 이후 문장에 넘겨주는 것이 무엇일까? 두 번째 문장에선 첫 번째 문장으로부터 넘겨받은 것이 무엇인지 확인하고, 이 문장에서 세 번째 이후 문장에 넘겨주는 것이 무엇인가를 예측해야 한다. 그리고 같은 원리로 세 번째 문장에서 두 번째 이전 문장으로부터 넘겨받은 것이 무엇인지 확인하고, 이 문장에서 네 번째 이후 문장에 넘겨줄 것이 무엇인가를 반복해서 생각하며 읽는 것이다.」 이는 이성적 사고를 이어갈 수 있는 발상이며, 글을 읽다 생각의 불씨가 꺼졌을 때 그 불씨를 다시 살릴 수 있는 사고의 전략이다. 이처럼 문장과 문장 간의 주고받음의 대상이 무엇인지를 능동적이고 의식적으로 파악해야 한다. 이는 이해하는 것으로 끝내면 안 된다. 기억해야 하고 무의식적으로 읊을 수 있을 때까지 반복해야 한다.

정리해보면 문장과 문장의 연결은 크게 세 가지 묶음으로 나눌 수 있다. 이후 문장에 넘겨 주는 것만 생각하는 첫 번째 문장, 이전 문장으로부터 넘겨받은 것과 이후 문장에 넘겨 주는 것을 동시에 생각하는 중간 문장, 이전 문장으로부터 넘겨받은 것만 생각하는 마지막 문장이다. 여기서 용어 하나 정리하고 넘어가면 우리가 매일 혼동하는 이상·이하와 미만·초과의 정의처럼 꼭 이해해야 하는 범위가 있다. 다름 아닌 '이전·이후 문장'과 '앞·뒤 문장'의 개념이다. 먼저 이전 문장과 이후 문장의 의미는 바로 전후 문장뿐만 아니라 그 앞의 앞과 뒤의 뒤 모든 문장을 의미한다. 반면 앞 문장과 뒤 문장의 의미는 현재의 문장에서 바로 전후 문장 하나만을 의미한다.

수직적 연결의 방식

문장과 문장의 연결 고리를 형성하는 방법은 다양하다. 똑같은 단어나 구로 주고받을 수도 있고 다른 표현 동일의미의 단어나 구로 바꿔가면 주고받을 수도 있다. 사례를 읽어보자.

사례 | ①나는 대부분의 영국인들과 마찬가지로 자유 무역을 존중하며 자랐다. ②자유 무역을 옹호했던 19세기 사람들은 국제 분업이 자원과 능력을 가장 효율적으로 배분하여 경제 성장을 가져온다고 믿었다. ③나아가 자유 무역이 특권과 독점에 맞서는 진취적 정신을 북돋우며 세계 평화에도 기여한다고 믿었다. ④지금도 자유 무역이 여러 미덕을 가지고 있다는 생각에는 변함이 없다. ⑤그러나 자유 무역을 바라보는 내 관점은 적지 않게 달라졌다. ⑥이제는 국가들 사이의 경제적 연계를 극대화하자는 편보다는 극소화하자는 편에 더 친밀감을 느낀다. ⑦사상·지식·예술·친절·여행은 본성상 국제적이어야 한다. ⑧하지만 소비재는 가능한 한 국산품이 바람직하며, 특히 금융은 국내에 기반을 둔 것이어야 한다. [MEET, 2007, 35~37 개]

사례를 읽어 내려오다 보면 ①~⑤번 문장은 '자유 무역(a)'을 그대로 주고받고 있다. 이는 문장과 문장을 읽으면서 직설적으로 확인할 수 있다. 반면 ①~⑤번 문장의 '자유 무역(a)'을 ⑥번 문장에서 '경제적 연계(α)'로 바꾸어 받고 있다. 일명 패러프레이즈 paraphrase 방식이다. 이는 동일어·유사어 등 어휘력과 문맥적 의미를 파악할 수 있는 능력이 전제되어야 알아볼 수 있다. 한편 서술어도 주고받음 대상이 된다. 다음 사례에서처럼 문장과 문장이 '~는 침해당한다'와 '~는 침해당하지 않는다'를 중심으로 수직적 연결 고리를 형성하는 경우이다.

사례 | 가 ①인간은 누구나 건전하고 생산적인 사회에서 타인과 함께 평화롭게 살아가길 원한다. ②도덕적이고 문명화된 사회를 가능하게 하는 기본적인 사회 원리를 수용할 경우에만 인간은 생산적인 사회에서 평화롭게 살 수 있다. ③기본적인 사회 원리를 수용한다면, 개인의 권리는 침해당하지 않는다. ④인간의 본성에 의해 요구되는 인간 생존의 기본조건, 즉 생각의 자유와 자신의 이성적 판단에 따라 행동할 수 있는 자유가 인정되지 않는다면, 개인의 권리는 침해당한다.
　나 ①물리적 힘의 사용이 허용되는 경우에만 개인의 권리는 침해당한다. ②어떤 사람이 다른 사람의 삶을 빼앗거나 그 사람의 의지에 반하는 것을 강요하기 위해서는 물리적 수단을 사용할 수밖에 없기 때문이다. ③이성적인 수단인 토론이나 설득을 사용하여 다른 사람의 의견이나 행동에 영향을 미친다면, 개인의 권리는 침해당하지 않는다. [PSAT. 2012. 34]

　마지막으로 문장과 문장 단위 주고받음 개념과 1:1 대응의 구분이다. 문장과 문장의 연결 고리를 파악하는 데 있어 1:1 대응은 반복형 사고 중 비유나 사례에서만 적용할 수 있다. 예를 들어 "a는 b이다. a는 c이다. a는 d이다."는 'a'를 주고받음 대상으로 연결되지만, 문장과 문장의 내용적 관계가 1:1 대응은 아니다. 반면 "a는 b이다. 다시 말해 a′는 b′이다. 또는 a″는 b″이다."는 문장과 문장에서 함수 관계가 성립된다. 이것이 1:1 대응이다. 1:1 대응으로는 주고받음 개념처럼 모든 문장과 문장의 연결 고리를 파악할 수 없다. 따라서 1:1 대응은 주고받음 개념에 포함된다. 참고로 한 문장 단위 속에서도 형태적으로 1:1 대응 구조를 확인할 수 있다. 영문법에서 공부한 '단어 and 단어, 구 and 구, 절 and 절'과 같이 '등위 접속사'를 중심에 두고 양쪽의 내용이 대응하는 경우이다.

논리적으로 연결하는 능력

사고력

8장
연결의 방향성은
주고받음 개념으로 결정한다

우리는 많은 것을 생각한다. 그리고 그 생각 간에는 우열이 있고 순서가 있다. 이를 문장과 문장 단위 텍스트에 대입해 보면 어떻게 될까? 문장과 문장 간에는 경쟁이 일어나고 중력이 작용한다. 그리고 중력이 큰 쪽으로 사고가 움직인다. 이렇게 사고가 움직이는 힘의 원리가 방향성 개념이다. 논리적 사고는 앞뒤가 또는 이전·이후 내용이 연결됨과 동시에 흐름을 만든다. 그리고 이 흐름은 원칙적으로 앞으로 향한다. 더불어 차원에 따라 상하좌우 방향을 가진다. 이 중에서 1차원인 문장과 문장 단위 텍스트와 관련된 사고는 앞으로 또는 뒤로 향하는 것이 기본이다. 사례를 먼저 읽어보자.

사례 | ①음악은 시간 예술이다. ②회화나 조각과 같은 공간 예술과는 달리, 음악에서는 시간이 흐르면서 사라지는 음을 기억하기 위한 방법이 필요하다. ③작곡가들은 그 방법의 하나로 반복을 활용했다. ④즉 반

복을 통해 어떤 일이 어떻게 일어났는지를 기억하여 악곡의 전체를 쉽게 파악할 수 있도록 한 것이다. ⑤이러한 반복의 양상과 효과는 〈비행기〉와 같은 동요에서도 확인할 수 있다. ⑥이 동요에서는 반복되는 선율이 노래를 하나로 묶어 주고 있다. [SAT, 2009, 16~19, 개]

사례를 객관적이고 정확하게 읽기 위해서는 어떻게 해야 할까? 문장을 문법적으로 분석하고, 음악에 대한 배경지식을 많이 쌓으면 될까? 아니다. '한 문장 단위'와 '문장과 문장 단위' 기준에서 논리적 요소인 연결어미, 부사 등 표지어를 중심으로 내용의 관계를 파악할 수 있어야 한다. 다시 말해 텍스트 안에 담겨 있는 음악이나 회화에 관한 배경지식에 집중하는 것이 아니라 이 내용을 담은 텍스트의 논리적 관계를 먼저 이해하는 것이 우선이다.

예시의 모든 한 문장 단위의 연결 즉, 방향성의 인지는 대부분 '~과는 달리, ~하면서, ~하기 위한, ~하여, 등' 표지어에 의해서 파악할 수 있다. 기본적으로 '한 문장 단위'는 방향성을 가시적으로 보여주는 표지어의 종류가 많다. 반면 문장과 문장 단위의 연결에서는 이렇다 할 문법적 내용이 없다. 기껏해야 지시어 '이러한'이나, 부사인 '즉'이 전부다. 사례를 보면 표지어를 통해 연결되는 ③④⑤⑥번 문장과, 표지어가 없이 연결되는 ①②③번 문장으로 나뉜다. 즉, 문장과 문장 단위 텍스트는 크게 '문장과 문장 사이에 표지어가 있는 텍스트'와 '문장과 문장 사이에 표지어가 없는 텍스트'로 구분할 수 있다. 따라서 문장과 문장 단위에서 방향성을 인지하기 위해서는 두 가지 전략이 필요하다.

표지어가 있는 경우

한 문장 단위와 같은 맥락에서 문장과 문장 단위에서 방향성은 순류, 역류, 대립·대조, 흐름 전환, 더하기 등으로 구분할 수 있다. 그리고 이러한 방향성을 인지하는 첫 번째 방법은 문장과 문장 사이에 놓여있는 부사나 접속부사* 등 표지어이다.

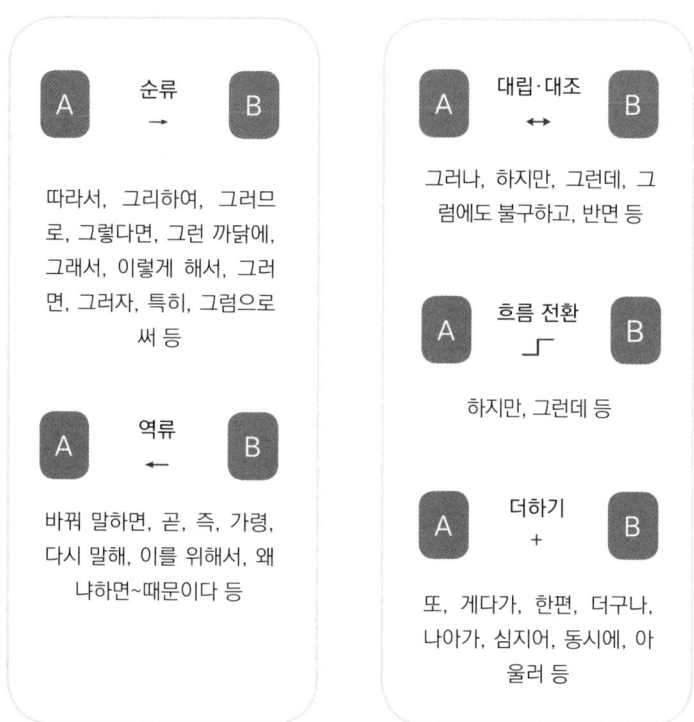

---

* 접속부사: 앞의 체언이나 문장의 뜻을 뒤의 체언이나 문장에 이어 주면서 뒤의 말을 꾸며 주는 부사. '그러나', '그런데', '그리고', '하지만' 따위가 있다. 표준국어대사전

문제는 모든 문장과 문장 사이에 표지어가 있는 것이 아니다. 그렇다면 표지어가 없는 텍스트의 연결과 방향성은 어떻게 인지해야 할까?

표지어가 없는 경우

바로 주고받음 대상 간의 관계를 파악하는 것이다. 즉, 텍스트를 읽을 때는 우선 주고받음 대상*과 그 대상 간의 관계를 파악하면 된다. 그럼 문장과 문장 사이에 표지어가 없는 경우 순류, 역류 등 방향성을 어떻게 결정하는지 자세히 알아보자.

1) 파생, 분류, 구분은 순류이다

문장과 문장 사이에 표지어가 없는 상황에서 문장 간의 주고받음 대상이 계속 새로운 생각을 이어갈 경우 이는 순류(→)이다. 예를 들어 문장 1의 주고받음 대상 경우의 수 'a, b' 중에서 문장 2가 'b'를 받아 새로운 'c'를 파생하는 경우 이는 순류다. 또는 문장 2의 주고받음 대상 경우의 수 중 'c'를 받아 분류하거나 구분(c', c'', c''') 하는 경우도 순

---

* 한 문장을 다음과 같이 'a의 관점에서 b는 c보다 d와 대응한다.' 또는 'a와 b는 c를 위해서 d해야 한다.'처럼 추상적으로 표현 할 때 a, b, c, d 등이 '주고받음 대상 경우의 수'가 된다. 즉, 주고받음 대상 경우의 수는 한 문장 단위에서 뽑아낸 단어, 구, 절 등을 의미한다. 그리고 이러한 경우의 수 중에서 이후 문장에 넘겨주는 단어, 구, 절이 수직적 연결 고리이자 '주고받음 대상'이다.

류가 된다. 구분은 일정한 기준에 따라 전체를 몇 개로 갈라 주고받음 대상이 기본적으로 확장되기 때문이다. 방향성 결정의 구체적인 사례 적용 시범은 부록^(p.215~226 참조)에 정리해두었다.

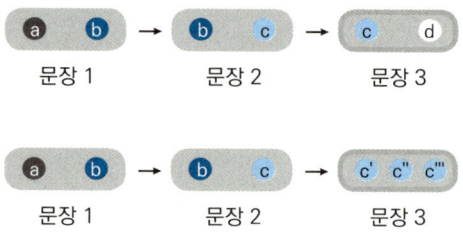

2) 예시, 근거, 정의, 구체적 설명은 역류이다

　순류와 마찬가지로 역류(←)도 문장과 문장 사이에 표지어가 없는 경우에는 주고받음 대상의 관계가 어떻게 형성되는지를 통해서 문장 간의 방향성을 인지해야 한다. 일례로 문장2가 문장1의 예시를 들거나 주장의 근거를 언급하면 이는 역류이다. 마찬가지로 문장2가 문장1의 일부 또는 전체를 자세히 설명하거나 반복하면 역류이다. 더불어 문장2가 문장1의 주고받음 대상을 정의하거나 개념을 언급할 때 이 역시 역류이다. 따라서 역류가 많으면 상대적으로 정보밀도가 낮고 군더더기가 많은 글이 된다. 무엇보다 역류는 주고받음 대상이 새로운 사고를 확장하는 것이 아니라 앞에서 언급한 내용을 집중적으로 조명하고 반복한다.

마치 가로등의 나방이나 지구의 달과 같이 말이다. 따라서 역류는 문장의 위계(등급)를 떨어뜨리는 역할을 한다. 방향성 결정의 구체적인 사례는 부록⟨p.227~234 참조⟩에 정리해두었다.

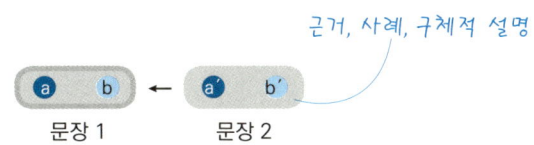

3) 비교, 선택, 강조는 대립·대조이다

대립·대조(↔)는 단순히 반대 개념을 넘어 비교, 선택, 강조 등과 같이 두 개의 주고받음 대상이 부딪히는 개념이다. 예를 들어 주고받음 대상이 '+와 −, 긍정과 부정'의 관계이거나 '규칙과 불규칙, 이상과 현실, 물질과 비물질, 가능과 불가능, 의식과 무의식, 이성과 감성 등'의 관계가 형성되면 대립·대조이다. 이처럼 주고받음 대상 간의 관계 파악을 위해서는 적어도 'a'와 'b'가 대립·대조 관계인지 아닌지는 파악할 수 있어야 한다. ⟨부록 p.235~240 참조⟩

4) 인정하고 들어가면 흐름 전환이다

흐름 전환(⌐)은 대립·대조와 같이 부딪히는 것을 넘어, 서로 다른 것을 인정하면서 차이점을 언급할 때 일어나는 사고의 흐름이다. 일례로 주고받음 대상이 '긍정 ⌐ 긍정+알파'나 '부정 ⌐ 부정+베타' 또는 '긍정 ⌐ 긍정+부정'나 '부정 ⌐ 부정+긍정'과 같이 화제의 전환, 즉 반대 개념이 아니라 앞 문장의 내용을 받아들이면서 동시에 새로운 내용 언급하면 흐름 전환이다. 〈부록 p.241~246 참조〉

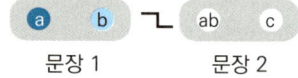

문장 1   문장 2

5) 문장 간에 연결 고리가 없으면 더하기이다

글을 읽다가 가장 어려운 경우가 연결 고리 즉, 문장과 문장의 주고받음 대상을 찾을 수가 없는 부분이다. 그러면 어떻게 해야 할까? 이는 둘 중의 하나이다. 첫 번째는 토막 난 글〈p.158~159 참조〉이다. 두 번째는 더하기(+)이다. 내용상으로 명확한 대립 관계가 성립되지 않는 이상 두 문장 사이에 '그리고'가 생략되었다고 보면 된다. 예를 들어 'a는 b이다. c는 d이다.'와 같이 문장과 문장 간의 주고받음 대상이 연결되지 않고 새로운 내용이 언급되는 경우이다. 또한, 문장1과 문장2가 주고받음 대상 하나를 놓고 다양한 입장과 관점을 생산하는 방식은 더하기이다. 'a는 b이다. a는 c이다. a는 d이다. 등'과 같이 a를 주고받음 대상으로 b, c, d 등이 추가로 언급되는 경우이다. 구분해야 하는 것은 '유사 표현 다른 의미'로 주고받음 대상 하나를 반복하는 경우와, '다른 표현 같은 의미'로 문장 전체를 반복하는 경우이다. 〈부록 p.247~252 참조〉

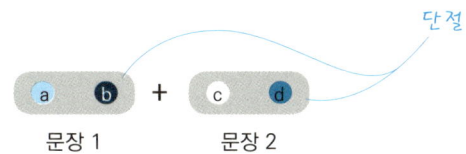

 이처럼 문장과 문장 사이에 표지어가 있든 없든 문장 간에는 주고받음 대상이 수직적으로 연결되고 이들 간에는 다시 관계가 형성된다. 그리고 이 관계를 통해 텍스트의 방향성을 결정할 수 있다. 따라서 표지어가 중요한 것이 아니다. 물론 글쓴이가 써놓은 표지어가 있으면 방향성을 인지하기가 수월하기는 하다. 중요한 것은 표지어의 유무에 상관없이 수직적 연결 고리와 더불어 주도적으로 텍스트의 방향성을 결정할 수 있는 사고력이다.

9장
중심내용을 객관적으로 파악할 수 있어야 한다

문장과 문장 단위 텍스트를 읽고 나서 어려워하는 부분이 중심내용*을 찾아내는 것이다. 그것도 객관적이고 논리적인 방법으로 말이다. 더군다나 배경지식이 없는 주제라고 생각해 보면 중심내용을 찾는 일은 그리 녹록지 않을 것이다. 지금까지 설명한 '텍스트 단위', '논리문법 구성요소' 그리고 텍스트를 읽고 파악해야 하는 '중심내용' 간의 관계를 정리해보자.

---

* 중심내용: 핵심어, 화제, 화제문장, 주제, 요약의 일반적 의미 _{출처: 독서교육의 이해}

1) 핵심어: 글 전체 내용에 정보적 가치가 가장 높은 단일 어휘나 용어
2) 화제: 글의 전체 내용을 포괄해 줄 수 있는 중심 화제로서 대개 구(句)로 표현됨
3) 화제문장: 단락 전체의 내용을 대표하는 단락 내의 한 문장
4) 주제: 전체 글이 함의하고 설명하는 세상이나 삶에 대한 일반화
5) 요약: 화제문과 주제문을 중심으로 구체적 정보들을 포함하여 재구성한 내용

핵심어, 화제, 주제는 수직적 연결 고리에 있다

학교문법의 핵심은 한 문장을 문법 기준에 맞게 완성하는 것이기 때문에 주어, 목적어, 보어 등 문장의 주요소가 중요하다. 하지만 문장과 문장 단위에서는 '주고받는 대상'이 중요하다. 그리고 문장과 문장 간의 연결 고리인 주고받음 대상은 중심내용 중 '핵심어'와 '화제' 그리고 '주제'를 객관적으로 파악하는 단서가 된다.

논리문법 관점에서 핵심어는 정량적으로 많이 등장하는 단어가 아니라, 문장과 문장을 수직적으로 연결해주는 주고받음 대상들이 핵심어이다. 여기서 핵심어는 하나가 아니다. 하나 또는 여러 개일 수도 있다. 그리고 주고받음 대상 중에서 가장 많이 언급되거나 사고의 흐름이 모이는 단어나 구가 화제가 된다. 다시 말해 화제는 대표 주고받음 대상이다. 구별해야 하는 것은 많이 나오는 단어가 아니라는 것이다. 마지막으로 주제는 문장과 문장의 주고받음 대상을 수평적으로 연결한 것이다. 핵심어만 골라서 압축된 구(句)나 한 문장으로 재구성하면 주제를 객관적으로 정리할 수 있다. 이를 정리하면 다음 도식과 같다.

화제문장은 1등급 문장이다

중심내용 중 가장 중요한 것은 무엇일까? 바로 화제문장이다. 그리고 이러한 화제문장은 방향성 개념을 통해서 객관적으로 찾을 수 있다. 문장과 문장의 흐름을 따라가다 보면 사고의 방향을 감지할 수 있을 뿐만 아니라 사고가 모이는 종착지를 명시적으로 확인할 수 있다. 여기가 바로 화제문장이 있는 자리가 된다. 다시 말해 문장은 등급⟨p.130 참조⟩으로도 구분할 수 있는데 화제문장은 1등급 문장으로 문맥을 형성하고, 2등급 이하 문장은 화제문장의 근거 또는 자세히 설명하는 역할을 하는 것이다. 텍스트를 읽으면서 글의 흐름을 잡는 것도 중요하지만, 이 흐름을 통해 1등급 문장인 화제문장을 잡아내는 것이 더 중요하다. 따라서 글 읽기는 화제문장을 알아보고 찾아내는 능력이 전제되어야 한다.

요약은 화제문장의 연결이다

마지막으로 요약이다. 요약은 통상 논술에서 요구하는 능력이지만 글 읽기에서도 중요한 능력이다. 텍스트를 읽고 내용을 요약할 수 없다면 글을 읽는 능력에 대해 다시 한 번 고민해야 한다.

    요약은 크게 두 가지 방식이 있다. 우선 소극적이지만 객관적 요약이다. 이는 전체 내용에서 화제문장을 찾아 연결하는 방식이다. 여기서 중요한 것은 요약이 단순히 핵심어를 간추려 연결하는 것이 아니라 화제문장을 중심으로 내용을 줄이는 것이다. 이때 독자는 요약에 최소한 개입해야 한다. 두 번째는 적극적이지만 주관적 요약이다. 이는 글을 읽고 나서 기억나는 핵심어를 모아 내용을 재구성하는 방식이다. 정확하게 정리할 수 있으면 상관없지만 요약한 내용과 본문의 내용이 달라질 수도 있다. 조사만으로도 의미가 바뀌는 것이 텍스트 논리이다. 따라서 주관적 요약은 객관적 요약 능력을 전제로 해야 한다.

간지 스토리 2

논리문법과 랑그

———

이 책을 정리하면서 언어학자 소쉬르(F. Saussure)가 머릿속에서 떠나지 않았다. 그는 언어의 어떤 면이 고민이었고 문제였을까? 소쉬르의 언어학 관련 책을 읽다 보면 알 듯 하면서도 이해가 안 되는 부분이 있는데 논리문법적 관점을 통해서 그의 생각을 보완할 수 있다. 지금부터 소개하는 내용은 한 편으로는 궤변이 될 수도 있고, 한 편으로는 소쉬르의 관점을 이해하는 데 도움이 될 수도 있을 것이다.

소쉬르 언어학은 "사람들은 어떻게 언어를 통해서 의사소통할 수 있는가?"라는 상식적인 질문으로 시작한다. 그리고 그는 이 질문에 대한 정답의 실마리로 파롤(parole)과 랑그(langue)를 언급한다. 랑그란 동일 언어 공동체 구성원의 머릿속에 내재되어 있는 '언어 규칙의 총체'를 의미한다. 반면 파롤은 랑그를 바탕으로 개인이 표현하는 '현상'이다. 다시 말해 랑그는 제도로서 언어활동을 규제하는 규약(code)이고, 이 체계와 규약이 실천적으로 작동된 결과이자 개인적인 언어 행위가 파롤이다. 저자의 관점으로 설명해보면 '학교문법'이 랑그이고, 이러한 문법 체계를 통해 완성한 '한 문장'이 파롤인 것이다. 물론 소쉬르가 말하는 랑그는 학교문법만을 의미하는 것이 아니다. '언어 규칙의 총체'라는 포괄적 정의로 랑그를 소개하고 있기 때문이다.

그럼 소쉬르의 포괄적인 질문과 답을 구체적으로 우리의 실정에 맞게 정리해보자. 우선 '한국사람들이 서로 커뮤니케이션이 가능하게 하는 체계는 무엇인가?'라는 질문에 대해서 '랑그 즉, 한국어 문법을 중심으로 한 공통적 총체가 있기 때문이다.'로 답할 수 있다. 질문을 확장해서 그렇다면 '한국인과 미국인 서로 커뮤니케이션 할 수 있는 이유는 무엇일까?' 이 질문에 대해서는 학교문법 체계를 중심으로 한 랑그(langue)로는 설명할 수 없다. 왜냐하면 영어와 한국어의 학교문법이 다르기 때문이다. 물론 학교문법 간에도 공통점이 있지만 이는 다른 문제이다. 그래서 구체적 랑그가 아니라 총체적이라는 수식어를 사용하며 포괄적인 랑그 개념을 설정하는 것이다. 하지만 객관적 방법으로 설명할 수 있는 랑그는 학교문법 뿐이다. 다시 말해서 단어, 구, 절을 포함하는 한 문장을 반복적으로 만드는 학교문법 이외에 보편적으로 합의된 약속이 더 있는가? 물론 포괄적으로 공동체의 상식은 암묵적으로 합의되어 있다. 하지만 우리에게 필요한 합의는 암묵적인 약속이 아니라 구체적인 방법이 필요하다.

그래서인지 소쉬르는 랑그와 더불어 모든 언어의 기저에 놓여 있는 언어 기호 즉, 지시 대상과 언어의 관련성으로 관심을 돌린다. 그리고 이것을 기표(signifiant)와 기의(signifié)라는 개념으로 구분한다. 기표는 음성일 수도 있고, 문자일 수도 있고, 단어로 이루어진 표기의 집합일 수도 있다. 반면 기의는 독자나 청자의 머릿속에서 형성되는 기호의 개념적 부분을 의미한다. 소쉬르가 말한 바로는 언어 기호 즉, 기의는 다른 요소들과 맺는 관계와 차이에 의해서만 규정될 수 있고, 언어기호에서는 의미하는 것(기표)과 의미 되는 것(기의)의 결합이 매우 자의적이라고 주장한다. 다시 말해 기표와 기의의 관계는 필연성이 없고, 기의 역시 사람들 간 1:1 함수관계가 성립하지 않는다고 결론을 내린다. 이러한 논리는 이전까지 공고했던 주체 즉, 인간 중심적인 관점을 뒤집어 버린다. 이러한 생각은 철학적 관점에서 구조주의*가 태동하는 가장 중요한 포인트가 된다.

각설하고 그렇다면 순수하게 언어의 관점에서 기표와 기의, 파롤과 랑그 이 네 가지 개념 간의 관계를 명시적으로 정리해보자. 쓰기의 관점에서 '인간은 머릿속에 품고 있는 개념(기의)을 학교문법(랑그)을 바탕으로 단어(기표) 등을 연결함으로써 한 문장(파롤)으로 표현한다.'로 이해할 수 있다. 반대로 독자는 가시적으로 표현된 '단어(기표)'와 '한 문장(파롤)'을 읽고, 머릿속에서 '기의'를 떠올리며 그 관계를 '랑그'를

---

* 구조주의는 사물의 참된 의미가 사물 자체의 속성과 기능에서가 아니라, 사물 간의 관계에 따라 결정된다는 인식을 전제로 한다. 세계 안에서 사물은 언제나 다른 사물들과 유기적인 관계를 맺으며 존재한다. 그 관계망 안에서 사물이 지니는 위치에 따라 사물의 의미는 규정되며 변화한다. 따라서 사물의 의미는 개별적으로 인식될 수 있거나 고정되어 있는 것이 아니다. 그것을 부분으로 삼고 있는 전체 체계와 구조 안에서 사물의 의미는 비로소 인식될 수 있으며, 체계의 변화에 따라 사물의 의미도 변화한다. 따라서 구조주의는 전체 체계 안에서 사물들의 관계를 기술하고, 그 의미를 이해하려 시도한다. 출처: doopedia

통해서 객관적으로 읽고 있는 것이다. 소쉬르는 한 문장 이상의 텍스트를 총체적으로 생각했을지도 모르지만, 텍스트 단위 중에서 단어, 구 등을 포함한 '한 문장 단위'를 중심으로 파롤, 랑그, 기표, 기의를 설명하고 있다. 무슨 말이냐 하면 문장과 문장 단위를 한 문장 단위와 구분하지 않은 것이다. 이는 그가 설명하는 사례를 보면 가늠해 볼 수 있다.

그렇다면 학교문법 외에 소쉬르가 구체적으로 언급하지 않은 인간의 공통된 총체적 규칙은 무엇일까? 바로 논리 즉, 이성적 사고체계이다. 따라서 랑그는 두 가지 관점에서 볼 수 있다. 국어 차원의 랑그(학교문법: 수평적 연결)와 더불어 언어 차원의 랑그(논리문법: 수직적 연결)로 보완할 수 있다. 그리고 논리문법이라는 공통된 랑그가 있기 때문에 한국인과 미국인도, 미국인과 중국인도 복잡한 생각을 소통할 수 있는 것이다.

세상의 문제를 해결하기 위해서는 우선 그 문제의
여러분은 텍스트의 본질이 무엇이라고 생각하십니
극복하기 위해서는 어떻게 해야 할까요? 이러한 것
쉽게 설명할 방법으로 시작읽어 지피지기하였노리
여기서 저피 즉 알아야 하는 대상을 텍스트 이고,
이성적 사고를 의미한다. 그럼 이들의 관계를 규
텍스트를 읽음과 동시에 자동으로 배경지식의 유

논리문법으로 읽고 쓰기

**필자는 이성적 사고를 텍스트로 표현하고,
독자는 텍스트를 통해 이성적 사고를 더욱 발달시킨다.**

10장
주어, 목적어는 중요하지 않다

국가마다 또는 언어마다 학교문법이 다르다는 것은 한 문장을 만드는 방법이 다르다는 것이다. 반면 논리문법이 같다는 것은 다르게 만들어진 한 문장과 한 문장을 수직적으로 연결하는 원리가 같다는 것을 의미한다. 그래서 논리와 더불어 논리문법 역시 국제적인 언어이다. 또한 한 문장의 완성은 학교문법을 통해 배우는 것이고 문장과 문장의 연결은 논리문법을 통해 더욱 객관적이고 명시적으로 발달시키는 것이다. 그렇다면 문장과 문장 단위를 읽고, 한 문장을 읽고 무엇을 생각해야 할까? 우선 한 문장부터 살펴보자.

What is written without effort is in general read without pleasure.*

---

* 노력 없이 쓰인 글은 대개 감흥 없이 읽힌다. ⟨사무엘 존슨⟩

이 한 문장을 보면 자동으로 어법이 맞는지를 생각하게 된다. 문장에서 주어, 서술어, 목적어, 보어가 무엇인지 시간 표현은 맞는지 주어와 동사가 일치하는지를 생각하게 된다. 그런데 텍스트를 읽는 목적이 문장의 주요소를 찾는 것인가?

한 문장 단위 생각 포인트

우리가 텍스트를 읽는 목적은 글쓴이의 생각과 의도를 파악해서 지식을 습득하고 더욱 발전적인 생각을 하기 위함이다. 하지만 한 문장만 읽어서는 글쓴이의 생각과 의도가 정확하게 파악되지 않는다. 그러면 도대체 한 문장의 정체는 무엇일까? 사례 하나를 더 읽어보자.

사례 | 음악에서는 시간이 흐르면서 사라지는 음을 기억하기 위한 방법이 필요하다.
연결 1
연결 2   연결 2

사례는 문장내 구성 요소를 수식을 통해 '연결1' 하고, 동시에 표지어를 중심에 두고 단어와 단어구/절와 단어구/절가 수평적으로 '연결2' 된다. 이게 바로 학교문법을 바탕으로 그동안 구축해온 한 문장의 정체이다. 그리고 이러한 관점은 논리적 사고 표현의 대명사인 텍스트의 본질을 이해하는 데 있어 결정적인 단서를 제공한다. 그러면 한 문장을 읽고 구체적으로 무엇을 생각해야 할까? 이제부터는 한 문장을 읽고 두 가지 관점에서 생각할 수 있어야 한다. 첫 번째는 학교문법OLD적 관점이다. 한 문장을 완성하는 정확도 측면에서 어법의 쓰임에 대해 생각해야 한다. 두 번째는 논리문법적 관점이다. 이는 한 문장의 핵심이 수평적 연결이라는 관점을 토대로 '주고받음 대상 경우의 수'를 생각하는 것이다. 그다음 이 경우의 수 중에서 '주고받음 대상'이 될 가능성이 높은 것을 예측하는 것이다.

그럼 좀 더 자세히 논리문법 관점에서 한 문장을 읽고 생각해야 하는 포인트를 짚어보자. 한 문장 단위에서는 주어, 목적어, 보어 등 문장의 성분을 넘어 모든 차원에서 '주고받음 대상 경우의 수'를 생각할 수 있어야 한다. 사례를 살펴보자.

흐름 표지어

사례 | 역사적 시대 구분의 단위로서 (현대)라고 할 때에는 보통 제1차 (세계 대전과+1917년의 러시아 혁명) 발발로부터 (오늘)에 이르는 시기를 지칭한다.

관계 표지어 in 흐름 표지어

사례에서 흐름 표지어 '~부터'를 중심으로 좌우에 있는 단어^{구/절}인 '**세계 대전, 러시아 혁명, 오늘**'이 일차적으로 주고받음 대상 경우의 수가 된다. 그리고 흐름 표지어 안에 있는 관계 표지어 '~과'를 통해 주고받음 대상 경우의 수 범위가 '**세계 대전+러시아 혁명**'처럼 넓어지기도 하고, '세계 대전'이나 '러시아 혁명'처럼 좁혀지기도 한다. 반대로 관계 표지어 안에 흐름 표지어가 포함되어 경우의 수를 결정하기도 한다. 이처럼 주고받음 대상 경우의 수를 근거로 한 문장 단위 텍스트를 읽어 내려가는 것이 논리적 글 읽기의 기본이다. 무엇보다 경우의 수 중에서 이전·이후 문장과 관계되는 단어$^{구/절}$가 핵심어가 된다. 더불어 화제가 될 가능성도 있다. 다만 한 문장만으로는 아무것도 확정할 수 없다는 것이다. 예측할 수 있을 뿐이다. 그리고 한 문장 단위에서 예측은 경우의 수를 좁히고 이전 문장에서 넘겨받고, 이후 문장에 넘겨 줄 주고받음 대상을 가능한 정확하게 알아보는 것이다. 바로 논리적 사고와 관련 있는 표지어에 의존해서 말이다.

문장과 문장 단위 생각 포인트

그렇다면 '문장과 문장 단위'에서는 어떤 사고를 해야 할까? 설명문인지 논설문인지 구분하는 글의 전개방식을 생각하고, 글쓴이가 되어 보고, 내적 대화를 하고, 초인지 전략을 써서 스스로 점검하고 평가하고 조정하며 읽으면 될까? 아니면 글을 읽을 때 자신의 생각을 인식하며, 자신의 머릿속에 들려오는 목소리에 귀를 기울여야 하는 것일까? 모두 맞는 말이다. 하지만 이 방법은 고수가 된 다음 그때 적용하시기 바랍니다.

이제부터는 텍스트를 읽고 객관적이고 명시적인 사고를 해야 한다.

'한 문장 단위'를 읽고 나서 우선 주고받음 대상 경우의 수를 뽑아내고, '문장과 문장 단위'를 읽고 나서 아래 도식과 같이 주고받음 대상 즉, 수직적 연결 고리를 확인하는 것이다. 그리고 표지어가 있을 때는 표지어를 참조해서 표지어가 없을 때는 주고받음 대상 간의 관계를 확인함으로써 문장의 방향성과 등급을 결정한다. 마지막으로 수직적 연결 고리와 문장의 등급을 바탕으로 중심내용을 결정하고 표시하면 된다. 이게 바로 논리문법적 사고이다.

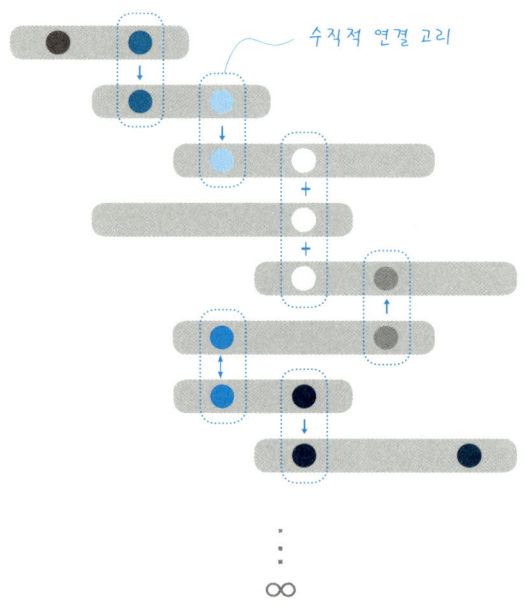

● ● ○ ● 주고받음 대상 경우의 수 / 주고받음 대상

이어지는 11, 12, 13장에서 구체적으로 논리문법적 사고를 적용해 보자. 11장에서는 수직적 연결 고리의 방식인 텍스트의 유형을 알아보고, 12장에서는 문장의 방향성과 더불어 문장의 등급을 결정하는 방법을, 13장에서는 중심내용 파악과 표시 방법에 관한 내용을 사례 중심으로 설명하도록 하겠다.

11장
텍스트 유형을 파악해라

한 문장은 유형이 있다. 영어는 5형식 한국어는 기본 문장의 형식이 대표적인 예이다. 그렇다면 문장과 문장 단위에서도 유형을 찾을 수 있을까? 이 책은 '텍스트는 이성적 사고 표현의 결정체다.'라는 명제를 시작으로 '논리문법' 개념을 도출했다. 그리고 다시 이 논리문법을 텍스트에 적용함으로써 논리적 사고 패턴을 가시적으로 보여주고 있다. 물론 이성적 사고의 패턴을 세부적으로 따지다 보면 그 유형은 무한대일 것이다. 하지만 거시적인 차원에서 인간이 생각을 연결해가는 방식은 몇 가지 유형으로 좁힐 수 있다.

구조적·객관적 글 읽기는 인간이 논리적으로 사고하는 방식을 이해하고 이러한 사고 유형에 논리문법을 적용함으로써 중심내용을 파악하는 것으로 정리할 수 있다. 여기서 중요한 결론이 바로 논리적 사고의 유형이다. 통상 텍스트를 분류하는 방식은 다양하다. 문학·비문학, 설명문·논설문과 같이 글의 종류에 의한 구분 또는 글의 전개 방식에 의

한 구분이 대표적이다. 하지만 이러한 분류 및 구분은 글의 중심내용을 파악하는 과정과는 거리가 있다. 이는 텍스트를 내용적 관점에서 규명한 결과형 방식이기 때문이다. 따라서 배경지식을 바탕으로 한 내용의 전개 방식을 넘어 사고의 전개 방식을 정립할 수 있어야 한다. 우선 이성적 사고는 반복하며 집중한다. 그리고 확장하며 뻗어 나간다. 반복하며 뻗어 나가는 사고는 다시 복잡한 관계를 형성하기도 한다. 이러한 사고의 전개를 반복, 확장 그리고 매트릭스 유형이라 규정하겠다.

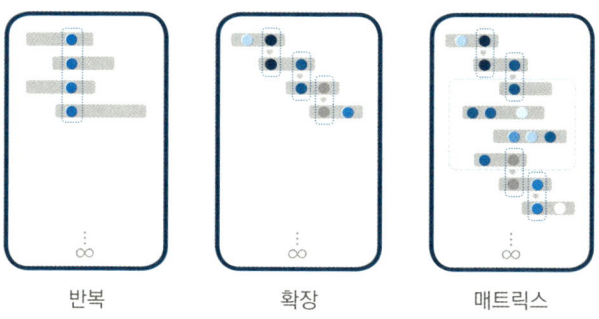

반복　　　　　확장　　　　매트릭스

"텍스트는 이성적 사고 표현의 결정체이다." 여기서 텍스트는 현상 즉 표현 방식이고 이성적 사고는 눈에 보이지 않는 텍스트의 본질이다. 그리고 본질인 이성적 사고의 패턴을 이해하게 되면 현상에 불과한 텍스트는 쉽게 극복할 수 있다. 결국 반복, 확장, 매트릭스 등 텍스트 유형은 사고의 유형이고 사고의 유형은 다시 문장 간의 주고받음 대상들이 수직적으로 연결 고리를 만드는 유형이다.

　문장과 문장 단위 텍스트를 읽으면서 예측한다는 것은 배경지식 측면의 내용이 아니라 이렇게 사고의 유형을 예측하는 것이어야 한다. 중요한 것은 이러한 사고의 유형 자체를 암기하는 것이 아니라 이와 같은 유형이 만들어지는 과정을 이해하고 스스로 유형을 알아보고 적용할 수 있을 때까지 논리문법을 체화시키는 것이다.

반복 유형, 중요한 것은 반복한다

텍스트의 유형 중 첫 번째는 반복형 사고이다. 일상에서 신문 사설이나 쉽게 읽히는 책에서 확인할 수 있는 전형적인 유형으로 하나의 주고받음 대상을 매 문장에서 지속해서 언급하는 경우이다. 사람들은 일반적으로 중요하다고 생각하는 내용을 반복하는 경향이 있다. 반복은 두 가지 방식이 있다. 우선 같은 의미를 중복하는 것이다. 일례로 "a는 b를 만들어 낸다. a를 통해 b를 만들 수 있다. b를 만들기 위해서는 a가 필요하다."와 같이 문장과 문장의 표현이 다를 뿐 유사하거나 같은 의미를 한 번 이상 언급하는 것이다. 다음으로 주고받음 대상 즉, 핵심어를 다른 관점에서 여러 번 언급하는 것이다. 예를 들어 "a는 b이다. c 때문에 a가 생긴다. 그리고 a는 d를 만든다. 또한, a를 통해서 e를 생각할 수 있다." 또는 "a는 집에서 아빠다. a는 학교에서는 선생님이다. a는 동호회에서는 회장이다."와 같이 문장의 핵심어 하나가 여러 가지 관점, 여러 가지 의미를 만들어내는 것이다. 사례를 살펴보자.

사례 | ①일상생활에서 우리는 음절을 많이 활용한다. ②'이야기-기상

대-대리점'으로 이어 가는 끝말잇기 게임이나 '불고기 백반'을 '불백' 이라고 하는 것 등은 모두 음절을 바탕으로 한다. ③음절은 시에서 운을 맞추거나 랩에서 리듬을 맞출 때에 활용되기도 한다. [SAT. 2008. 31~33. 가]

사례를 분석해보면 첫 번째 문장에서 주고받음 대상 경우의 수는 '일상생활', '우리' 그리고 '음절'이다. 이 셋 중 이후 문장에 무엇을 넘겨줄까? 두 번째 문장에 와보니 첫 번째 문장으로부터 '음절'을 받아 '끝말잇기 게임'과 '불백'을 사례로 설명하고 있다. 그럼 두 번째 문장에서 세 번째 문장에는 둘 중 무엇을 넘겨줄까? 생각을 확장한다면 '끝말잇기 게임'이나 '불백'을 넘겨줄 것이며, 한 내용을 강조하는 글을 써 내려간다면 '음절'을 다시 언급할듯 하다. 세 번째 문장에 와보니 이전 문장으로부터 '음절'을 또 한 번 받아 반복하고 있다. 전형적인 반복형 사고 유형이다.

사례 | ①최근 인류는 그 어느 때보다 풍요로운 물질적 부를 향유하면서도 한편으로는 환경 오염과 생태계 파괴, 자원의 고갈과 같은 전 지구적인 문제에 직면하게 되었다. ②기계론적 세계관에서 출발한 과학 문명의 물질주의적인 사고 방식이 무분별한 자연의 이용과 개발을 재촉하여 오늘날과 같은 생태계 위기를 초래하였다. ③이러한 현대 문명의 위기를 극복하기 위해서는 사고 방식의 과감한 전환이 필요하다는 인식이 싹텄고, 이러한 인식을 배경으로 시작된 것이 신과학 운동이다.
[SAT. 1994-1. 56~60. 가]

우선 문장 간의 수직적 연결 고리를 확인해 보면 ①②③번 문장은 다음 도식과 같이 '**생태계(문명) 위기**'를 반복하며 연결되어 있다.

① 인류···환경 오염+생태계 파괴+자원 고갈
② 기계론적 세계관···생태계 위기
③   위기 극복···사고방식 전환 필요···신과학 운동

그럼 주고받음 대상 간의 관계 파악을 통해 방향성도 결정해 보자. 우선 결과인 '**생태계 위기**'는 ①번 문장에서, 그 원인인 '**기계론적 세계관**'은 ②번 문장에서 언급하고 있다. 좀 더 자세히 말하면 ②번 문장에는 원인인 '**기계론적 세계관**'과, 결과인 '**생태계 위기**' 둘 다 언급 하고 있다. 이 두 문장의 내용을 정리해보면 '**기계론적 세계관→생태계 위기** 전 지구적인 문제'로 간추릴 수 있다. 세 번째 문장 역시 '**문명의 위기**'를 주고받음 대상으로 '**극복**'과 '**신과학 운동**'으로 사고를 확장하고 있다. 따라서 이 사례의 내용 논리를 **순서지움*** 해보면 '**기계론적 세계관→생태계**

---

* **순서지움**: 구슬이 서 말이라도 꿰어야 보배이듯이 텍스트도 읽고 난 뒤 뒤엉킨 내용을 순서대로 재구성할 수 있어야 한다. 글을 읽은 후 이처럼 구슬을 꿰는 역할을 하는 개념이 순서지움이다. 다만 이러한 순서지움은 주고받음이나 방향성 개념과는 달리 모든 문장에 적용하는 것이 아니라 역류 등 몇몇 표지어로 인해 내용의 앞뒤가 뒤섞인 경우에만 적용한다. 이는 글의 형태적 순서와 내용의 순서가 꼭 일치하는 것은 아니므로 필요한 개념이다. 즉 텍스트는 형태적으로 선형이지만 그 안에 담고 있는 내용의 논리는 간혹 앞뒤가 바뀌기 때문에 필요한 논리문법 요소이다. 체감 난도가 높은 텍스트를 분석해 보면 내용이 어렵다기보다는 형식적 논리가 뒤죽박죽 엉켜있는 경우가 많다. 당연히 글을 쓰는 이들이 멋을 부리는 데 활용되며 시험에서는 출제자가 난이도를 조절하기 위해 사용한다.

위기→신과학 운동→위기 극복'으로 사고가 흐른다. 시간상으로 순서적으로 문장을 ②→①→③순으로 연결해보면 독자의 입장에서 이해하기 더 수월하다. "기계론적 세계관에서 출발한 과학 문명의 물질주의적인 사고 방식이 무분별한 자연의 이용과 개발을 재촉하여 오늘날과 같은 생태계 위기를 초래하였다. 최근 인류는 그 어느 때보다 풍요로운 물질적 부를 향유하면 서도 한편으로는 환경 오염과 생태계 파괴, 자원의 고갈과 같은 전 지구적인 문제에 직면하게 되었다. 이러한 현대 문명의 위기를 극복하기 위해서는 사고 방식의 과감한 전환이 필요하다는 인식이 싹텄고, 이러한 인식을 배경으로 시작된 것이 신과학 운동이다."

확장 유형, 생산형 사고는 확장한다

두 번째 텍스트의 유형은 확장형 패턴이다. 이 유형은 시험에서 가장 많이 등장하는 텍스트의 유형이다. 통상 우리가 어렵다고 느끼는 텍스트의 경우 앞에서 살펴본 반복 유형의 사례와는 달리 생각이 쭉쭉 뻗어 나간다. 그러다 보니 글을 읽다 잠시 한눈이라도 팔면 이해하기 어려운 것이 아니라 아예 이해가 안 되는 경험을 하게 된다.

그리고 이러한 사고 유형을 통해 더 생산적인 사고를 할 수 있다. 마치 원숭이 엉덩이가 백두산까지 연결되듯이 말이다. 비교해 보면 앞에서 살펴본 반복형 사고는 형식보다는 내용에 충실한 사고의 구조이다. 다시 말해 단어(개념) 하나를 설명하는 데 있어 책 한 권으로도 모자랄

만큼 할 말이 많은 것이다. 하지만 확장형 사고는 내용보다 형식 논리가 더 우세하다. 즉 문장과 문장의 관계에 집중하며 새로운 생각과 융합하는 유형이다. 이러한 사고는 주고받음 대상이 "a는 b다. b는 c다. c는 d다. d는 e다."처럼 앞뒤 문장의 연결 고리가 만들어짐과 동시에 다른 내용으로 사고를 계속 파생하는 것이 특징이다. 물론 이렇게 규칙적이고 직설적인 확장뿐만 아니라 "a는 c다. b는 c를 통해 만들어진다. d때문에 b는 제약을 받는다."처럼 간헐적이면서도 복잡한 논리 구조로 연결 고리가 형성되기도 한다. 사례를 통해 좀 더 자세히 알아보자.

사례 | ①문자는 사물이나 자연 현상을 그림으로 나타내는 그림 문자에서 시작되었다고 한다. ②그림 문자를 추상화하고 모양을 간략하게 한 것이 한자와 같은 표의 문자이다. ③표의 문자는 하나의 개념을 하나의 글자로 표시해야 했기 때문에 점점 수가 늘어나 기억하기가 불편하게 되었다. ④그리하여 표의 문자보다 글자 수가 훨씬 적으며, 글자를 의미와 직접 관련되지 않는 발음 표시 기호로 사용하는 표음 문자가 만들어졌다. ⑤이 표음 문자는 음절 전체를 하나의 글자로 나타낸 음절 문자와, 더 나아가 자음과 모음 각각을 글자로 나타낸 음운 문자로 다시 나뉜다. ⑥우리에게 익숙한 문자 중에서 음절 문자에는 일본의 가나가, 음운 문자에는 영어 알파벳이 있다. [SAT, 2005, 44~47, 개]

이 사례는 모든 문장과 문장의 주고받음 대상이 다르다. 자세히 살펴보면 ①②번 문장은 '그림 문자'를, ②③번 문장은 '표의 문자'를,

③④번 문장은 '불편'을, ④⑤번 문장은 '표음 문자'를, ⑤⑥번 문장은 '음절과 음운 문자'를 주고받음 대상으로 수직적 연결 고리를 형성하며 생각을 확장하고 있다. 이를 해체해보면 연결 구조를 한눈에 확인할 수 있다.

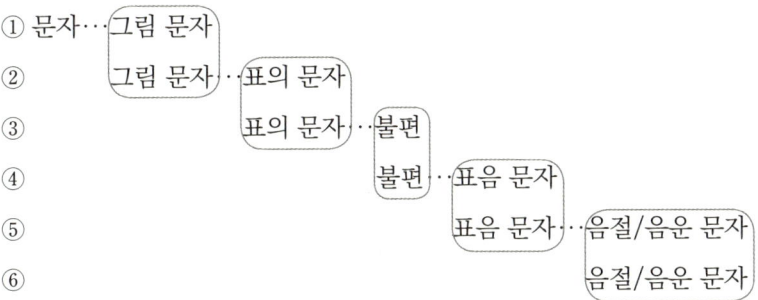

사례 | ①기술의 발달은 개별 제품들의 각 기능을 한 기기 내에 담을 수 있는 가능성을 열어주는데, 이를 '컨버전스(convergence)'라고 부른다. ②컨버전스는 사용자의 편의성과 더불어 경쟁의 활성화라는 경제적 효과를 야기하게 된다. ③경쟁의 활성화가 소비자의 후생 증진으로 이어지려면 소비자 선택의 다양성이 존중되어야 한다. ④선택권을 상실한 소비자의 효용 감소가 매우 크다면, 사회적 후생의 감소로 이어질 가능성이 있다. [LEET, 추리논증, 2009 예비, 34]

문장 간의 주고받음 대상 즉, 수직적 연결 고리를 확인해보면 ①② 번 문장은 '컨버전스'를 주고받음 대상으로 연결되어 있고, ②③번 문장은 '**경쟁의 활성화**'를 주고받음 대상으로 연결되어 있다. 그리고 ③④번 문장은 '**후생**'과 '**선택**'을 주고받음 대상으로 연결되어 있다.

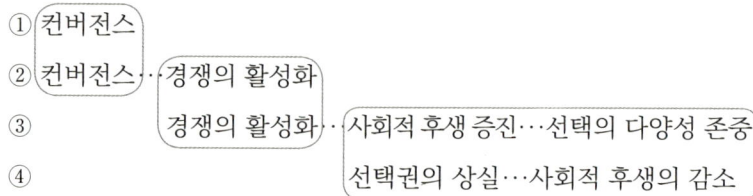

이처럼 문장과 문장 사이에 표지어가 있든 없든 문장과 문장 간에는 수직적 연결고리가 있다.

사례 | ①자연은 인간 사이의 갈등을 이용하여 인간의 모든 소질을 계발하도록 한다. ②사회의 질서는 이 갈등을 통해 이루어진다. ③이 갈등은 인간의 반사회적 사회성 때문에 초래된다. ④반사회적 사회성이란 한편으로는 사회를 분열시키려고 끊임없이 위협하고 반항하면서도, 다른 한편으로는 사회를 이루어 살려는 인간의 성향을 말한다. ⑤이러한 성향은 분명 인간의 본성 가운데에 있다. [SAT, 2004, 48~51, 가]

이 사례는 앞에서 살펴본 규칙적인 확장형 사고와는 달리 좀 복잡한 논리 구조로 되어 있다. 우선 ①②③번 문장은 '**갈등**'을 주고받음 대상으로 연결되어 있다. 그리고 ③④번 문장은 '**반사회적 사회성**'을, ④⑤번 문장은 '**성향**'을 주고받음 대상으로 연결돼 있다.

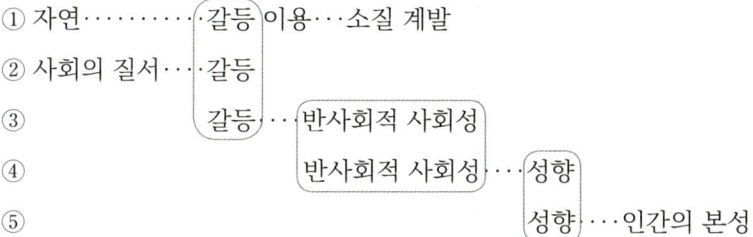

그렇다면 이 사례의 방향성은 어떻게 결정될까? 문장과 문장 단위 연결 방식과 더불어 앞서 살펴봤던 한 문장 속 표지어의 해석이 정확하게 이루어져야 이 사례의 방향성을 결정할 수 있다. 이 사례에서 ②③번 각 문장 안에는 역류 표지어가 포함되어 있다. 그리고 ④⑤번 문장은 ③번 문장의 '반사회적 사회성'의 개념과 위계를 언급하고 있어 역류이다. 따라서 방향성은 ①+②←③[←(④≒⑤)]으로 사고가 흐른다. 그런데 이 문단은 형식적인 문장의 배치 순서와 내용의 논리가 정반대로 흐른다. 이는 순서지움을 적용해 보면 명확히 드러난다. 순서지움을 통해 내용 논리를 정리해보면 '인간의 본성인 반사회적 사회성은 갈등을 유발하고 이 갈등을 통해 사회의 질서 유지와 인간의 소질을 계발할 수 있다.'로 내용이 이어지는 것이다.

더불어 문장 간의 연결 고리를 근거로 중심내용을 정리해 보면, 핵심어는 '계발, 갈등, 반사회적 사회성, 사회를 이루려는 성향 등'이고, 화제는 '갈등'이다. 주제는 '인간의 반사회적 사회성 때문에 갈등이 생기고 이 갈등을 통해 인간은 소질을 계발할 수 있고 인간의 사회질서가 이루어진다.'이다. 화제문장은 ①②③번 문장이고, 요약은 '문단+문단

+…' 구성일 때 화제문장의 연결로 만들어진다.

이 사례는 논리문법 중 순서지움 개념이 왜 필요한지를 피부에 와 닿게 보여주는 사례이다. 텍스트만 보면 여느 문단과 다르지 않지만, 내용의 연결은 완전히 거꾸로 흘러기 때문이다. 이 문단을 읽고 머릿속에서 문장이 나열된 순서대로 읽기만 했다면 논리적 글 읽기에 대해서 다시 한 번 점검해야 한다. 논리는 연결이고 연결은 순서지움으로 완결된다. 글을 읽으면서 배경지식이 없는 내용을 접했을 때 무조건 이해하려는 마음으로 들이대는 건 바위에 달걀 던지는 격이다. 핵심은 먼저 형식적 연결과 내용적 순서가 같은지 여부를 파악하는 것이다. 이 관계가 파악되고 난 후 글을 쓰진 순서대로 이해할지 아니면 순서지움을 적용한 후 내용의 순서를 재구성할지를 결정할 수 있어야 한다. 즉 읽고 바로 이해하는 것이 아니라 읽고 논리문법을 작동시켜 단계별로 중심내용을 파악해야 한다. 만약 글 읽기가 어려웠다면 이러한 과정을 생략했기 때문일 것이다. 그렇다면 구어체는 어떠할까? 여러분이 직접 문장 간의 수직적 연결 고리를 체크해보기 바랍니다.

사례 | ①진행자: 시청자 여러분, 안녕하세요? 'TV 교양을 말하다' 시간입니다. 오늘은 전문가를 모시고 한글의 서체에 대해 말씀 나눠 보도록 하겠습니다. 안녕하세요?
②교수: 예, 안녕하십니까?
③진행자: 요즘 한글 서체에 관심이 높은데요, 다양한 한글 서체의 뿌

리가 되는 서체는 무엇인가요?

④교수: 예, 한글 서체의 뿌리는 문자를 창제할 당시의 모습을 담은 「훈민정음」해례본의 서체입니다. 이 서체는 직선과 점 그리고 원이라는 세 요소로 구성되어 있는데요. 여기 「훈민정음」해례본을 보시죠. '사룜'이란 글자와 '과' 자를 볼까요? 모서리가 각이 진 직선과 동그란 점 보이시죠? '사'자와 '과' 자는 모음 'ㅣ'와 같은 세로선이나 모음 'ㅡ'와 같은 가로선에 동그란 점이 결합되어 있죠. 또 '사룜'의 '룜' 자에서처럼 단독으로 쓰인 동그란 점도 있습니다.

⑤진행자: 예, 그런데 붓으로 각이 진 직선이나 동그란 점을 나타내기는 불편하지 않았을까 싶은데요.

⑥교수: 맞습니다. 그런 불편함 때문에 한글 서체에 변화가 일어나기 시작합니다. 「월인석보」에 벌써 그 변화가 보이는데요, 여러 변화 중에서도 가장 중요한 변화는 모음에 쓰인 동그란 점에서 나타납니다. 이 점은 'ㅡ'나 'ㅣ'와 결합할 때 동그란 점이 아니라 지금과 같이 짧은 선으로 바뀌게 됩니다. 그러니까 해례본의 '사'자와 '과' 자의 동그란 점들이 모두 짧은 선으로 바뀌게 된 겁니다.

⑦진행자: 아, 그렇군요. 그럼 '사룜'의 '룜' 자에서와 같이 단독으로 쓰인 점의 경우는 어떤가요?

⑧교수: 예, 그 경우 역시 쓰기에 편리하도록 바뀌었습니다. 동그란 점이 붓으로 눌러 찍은 것처럼, 왼쪽 위에서 오른쪽 아래로 내려간 모양으로 바뀌게 됩니다. [2013. 02. 듣기 대본]

'서체'를 시작으로 '해례본 서체', '직선·점', '불편', '변화' 등을 계속 연결하며 ⑥번째 문장에서「월인석보」를 언급하고 있다. 그리고 이와 관계되는 변화 내용으로 '점'이 아니라 '짧은 선'을 사용하게 되었다는 내용으로 마무리하고 있다. 전형적인 주고받음 대상의 연결 고리를 통한 확장형 사고의 대화이다. 중요한 것은 '문어체'든 '구어체'든 텍스트 메커니즘 즉, 논리문법의 범위를 벗어나지 않는다는 것이다. 다만 문어체와 구어체의 다른 점은 형식과 사고의 방향성이다. 문어체는 순류와 역류를 균형감 있게 사용되지만, 구어체의 경우는 순류가 더 많이 사용된다.

매트릭스 유형, 전문가는 내용으로 논리를 만든다

세 번째 텍스트의 유형은 매트릭스형으로 이는 글을 읽고 정보처리를 하는 데 있어 가장 머리가 아픈 유형이다. 연결의 고리가 복잡하기 때문이다. 글을 읽다 보면 그 말이 그 말 같고 혼란스럽다. 또한 개념에 대한 관점이 다양하고, 주고받음 대상이 두 개 이상으로 연결되기도 한다. 예를 들어 주고받음 대상 경우의 수 'a, b, c, d'를 먼저 나열한 후 이들의 관계 지움을 'a+b=c', 'd÷c=a', 'c×b=d' 등처럼 복잡하게 설명하는 것이다. 이 유형은 새로운 내용을 계속해서 언급하는 확장형 사고가 아니라 이미 언급한 주고받음 대상을 범위로 한정하고, 그 대상들의 속성을 보다 구체적으로 정리하는 유형으로 생각하면 된다. 그렇다

보니 문장 간의 방향성을 결정하기 어려운 경우가 많다. 무엇보다 이러한 유형의 글은 형식 논리보다 내용적 논리가 더 우세한 글이다. 조건이 많아지고 적어짐에 따라 결과가 달라지는 내용 등 전문적 지식을 중심으로 논리를 만드는 텍스트 유형이다. 이런 관점에서 전문가는 내용만으로도 논리를 만들 수 있다. 하지만 형식 논리*로 검증하지 못하면 내용에 치중한 논리는 구멍 나게 되어있다. 그래서 내용과 더불어 형식도 중요한 것이다. 결국 논리는 형식과 내용을 전제로 형성되고, 형식은 내용과 논리를 기반으로 확고해지며, 내용은 다시 논리와 형식을 통해 보완되고 만들어지는 것이다.

이러한 유형은 보통 판에 박힌 주고받음 대상을 나열한 후 개념 간의 관계를 복잡하게 엮어 설명할 때 등장한다. 판에 박힌 유형은 우선 '첫째, 둘째, 셋째' 하며 순차적으로 주고받음 대상을 언급한다. 더불어 'z는 a, b, c로 구성된다.' 등 처럼 주고받음 대상을 명확하게 제시하는 경우도 판에 박힌 유형으로 볼 수 있다. 사례를 읽어 보자.

---

* 형식 논리와 내용 논리: 고대 아리스토텔레스는 4원소로 세상의 이치를 설정했다. 4원소 이론은 논리적으로 그럴듯했고 지금도 그럴 듯 하다. 그러나 지금까지 발견된 원소는 100여가지가 넘는다. 앞으로도 계속 발견될 것이다. 따라서 아리스토 텔레스의 4원소 이론은 지금은 거짓명제이다. 이처럼 내용 즉 지식은 기술의 발달 정도와 경험의 정도에 따라 움직인다. 어제의 참 명제가 오늘은 거짓 명제가 되기도 하는 것이다. 그래서 논리학에서는 내용 논리를 배제한채 형식 논리를 다루는 것이다. 글읽기 글 쓰기도 마찬가지이다. 형식과 내용적 논리가 두루 갖춰져야 좋겠지만 내용 논리는 개인의 몫이다. 다만 텍스트를 통해서 내용을 표현하는 형식은 어느정도 고정시킬수 있다.

사례 | ①컴퓨터에서 동영상을 본 사람은 한 번쯤 '어떻게 작은 파일 안에 수십만 장이 넘는 화면들이 들어갈 수 있을까?' 하는 의문을 가진 적이 있을 것이다. ②동영상 압축은 막대한 크기의 동영상 데이터에서 필요한 정보만 남김으로써 화질의 차이는 거의 없이 데이터의 양을 수백 분의 일까지 줄이는 기술이다. ③동영상 압축에서는 일반적으로 화면 간 중복(a), 화소 간 중복(b), 통계적 중복(c) 등을 이용한다.
[SAT, 2009, 43~46, 개]

하지만 이러한 친절함도 잠시 이후 문장에서는 주고받음 대상 간의 관계가 복잡한 구조를 갖는 것이 특징이다. 따라서 이러한 판에 박힌 유형을 인지하는 것이 중요한 것이 아니라, 그다음에 이어지는 복잡한 내용에 논리문법을 적용하며 글을 읽어내려가는 것이 더 중요하다. 그럼 이처럼 판에 박힌 주고받음 다음 어떻게 텍스트가 이어지는지 살펴보자. 이어지는 내용은 ③번 문장의 주고받음 대상 경우의 수 중 '화소 간 중복(b)'의 개념과 성격 등 복잡한 관계를 언급하고 있다.

사례 | ①하나의 화면은 수많은 점들로 구성되는데, 이를 화소라 한다. ②각각의 화소는 밝기와 색상을 나타내는 화소 값을 가진다. ③화소 간 중복은 한 화면 안에서 서로 가까이 있는 화소들끼리 화소 값의 차이가 별로 없거나 변화가 규칙적인 것을 말한다. ④동영상 압축에서는 원래의 화소 값들을 여러 개의 성분들로 형태를 변환한 다음, 화질에 거의 영향을 미치지 않는 성분들을 제거하고 나머지 성분들만을 저장한다.

⑤이때 압축 전후의 화소들의 개수에는 변화가 없으나 변환된 성분들을 저장하는 개수가 줄어들기 때문에 화질의 차이가 별로 없이 데이터의 양을 크게 줄일 수 있다. ⑥그런데 화면이 단순할수록 또 규칙적일수록 화소 간 중복이 많아서, 제거 가능한 성분들이 많아진다. ⑦다만 이들 성분을 너무 많이 제거하면 화면이 흐려지거나 얼룩이 지는 등 동영상의 화질이 나빠진다. ⑧이러한 과정은 우유에서 수분을 없애 전지분유를 만들면 부피는 크게 줄어들지만 원래 우유의 맛이 거의 보존되는 것과 비슷하다. [SAT, 2009. 43~46. 대]

이 사례는 문장 대부분에 걸쳐 '화면, 화소, 화소 간 중복, 화소 값, 성분, 압축 등' 여러 개의 주고받음 대상 간 복잡한 관계를 설명하고 있다. 마치 주고받음 대상들이 화학작용을 하듯이 '적어졌다, 많아졌다, 없어졌다, 새로운 게 생겨났다 등' 언급된 내용의 속성이 다양해지는 것이다.

지금까지 텍스트의 유형이자 사고의 유형 세 가지를 살펴봤다. 하지만 문장과 문장이 길어지다 보면 생각을 계속 반복할 수도, 확장할 수만도 없다. 때로는 숨 고르기도 필요하고 복잡한 관계를 설명하기도 한다. 다시 말해 '반복+확장+…', '반복+매트릭스+…', '확장+매트릭스+..' 처럼 문장과 문장의 연결이 두 개 이상의 유형으로 구성된다. 그리고 유형과 유형이 접목한 가지 수는 무한대가 된다. 따라서 구간별 사고의 유형을 구분하고 적용할 수 있으면 된다.

12장

문장에도 등급이 있다

텍스트의 일반적 속성을 떠올려 보면 위계적, 체계적, 선형적이다. 이러한 속성 중 텍스트를 어렵게 만드는 것이 위계적 속성이다. 예를 들어 한 문장 단위에서 수식하는 품사와 수식 받는 품사 간에는 위계가 설정된다. 연장해서 문장과 문장 단위에서도 위계를 만드는 요소가 있다.

'논리 ≒ 연결 ≒ 흐름 ≒ 방향성 ≒ 위계' 기억나죠? 여기서 위계는 다시 '등급'으로 이해할 수 있다. 다시 말해 문장은 1, 2, 3등급으로 구분할 수 있다. 이론적으로는 4, 5, 6, 7등급 계속 만들 수도 있다. 그리고 문장의 등급별로 순류, 대립·대조 등 방향성이 반복적으로 형성된다. 무슨 말이냐 하면 1등급 문장 간에 순류, 대립·대조, 흐름 전환, 더하기 등이 있듯이, 2등급 이하 문장 간에도 순류, 대립·대조, 흐름 전환 등이 반복적으로 만들어질 수 있다는 것이다.

그리고 1등급에서 2등급으로, 2등급에서 3등급 문장으로 위계를 한 단계씩 떨어 트리는 역할을 하는 것이 '역류'이다. 따라서 역류를 찾고 그 범주를 결정하면 텍스트를 쉽게 이해할 수 있다. 사례를 통해서 좀 더 자세히 이해해보자.

사례 | ①이러한 열역학 제2법칙에는 문제가 있는 것처럼 생각될 때도 있다. ②이 법칙은 생명체가 탄생하여 질서 있는 조직체로 진화되어 간다는 것, 즉 진화론과는 모순되는 것처럼 보이기도 한다. ③왜냐 하면 진화론은 단순한 생명체가 좀 더 복잡한 생명체로 진화된다고 보는 것인데, 이는 질서의 정도가 오히려 증가(增加)하는 것이기 때문이다. ④모순처럼 보이는 이러한 사실에 대하여, 프리고진은 무질서로부터 질서가 나올 수도 있다는 점을 보임으로써 진화론과 열역학 제2법칙이 양립할 수 있다고 설명하였다. ⑤즉, 자연에는 열평형 상태, 곧 최대 엔트로피 상태를 지향하는 과정만 존재하는 것이 아니라, 엔트로피 증가를 최소화하려는 비평형 현상도 존재할 수 있다는 것이다. ⑥다시 말해 전체적인 자연계는 열평형 상태를 향하여 진행하는 것이 틀림없지만, 특정한 시공간에서는 비평형 상태가 발생할 수 있다는 것이다. ⑦가령, 물에 잉크 방울을 떨어뜨리면 마지막 상태는 옅은 색 평형 상태가 되지만, 그 과정을 관찰하면 잉크가 퍼져 나가면서 만드는 무늬와 구조들을 볼 수 있다. ⑧이것이 바로 물속에서 잠정적으로 나타나게 되는 비평형 상태의 예이다. ⑨진화론도 이와 같은 비평형 상태가 지속(持續)되는 과정에 해당하는 현상이라고 본다. ⑩이렇게 설명하게 되면, 열역학 제2법칙은 진화론과 모순 없이 양립하면서 일상적인 시간의 방향성을 잘 설명해 줄 수 있다. [SAT. 1998. 56~61. 個]

이 사례는 역류 종합세트이다. '열역학 제2법칙'이라는 어려운 화제다 보니 자세한 설명이 전개되고 있다. 하지만 너무 자세한 설명은 독자의 입장에서 오히려 중심내용을 파악하는 걸림돌이 되기도 한다. 염두에 둘 것은 개념에 대한 자세한 설명은 표지어의 유무에 상관없이 역류가 된다는 것이다. 그럼 문장과 문장의 수직적 연결 고리를 확인하고 더불어 문장 사이에 있는 역류 표지어를 참조해서 방향성을 결정해 보자. 사례는 ①→②[←③]→④[←⑤≒*⑥(←⑦→⑧)]→⑨→⑩으로 사고가 흐른다. 이를 등급별로 정리해보면 아래 도식과 같다.

```
1등급 문장    ①→②      →④              →⑨→⑩
2등급 문장          [←③]     [←⑤≒⑥         ]
3등급 문장                        (←⑦→⑧)
```

이 도식에서 ①②④⑨⑩번 문장은 1등급 문장으로 방향성은 모두 순류로 연결되어 있다. 그리고 ③, ⑤⑥번 문장은 2등급 문장이 되며, ⑦⑧번 문장은 3등급 문장이 된다. 여기서 문장의 등급을 1등급에서 2등급으로, 2등급에서 3등급 문장으로 떨어트리는 역할을 하는 방향성 개념이 '역류'이다. 그리고 등급이 떨어지는 유형은 ③번 문장처럼 한

---

* '다시 말하여'의 사전적 뜻은 '앞에서 말한 것에 대하여 풀어서 말하여'를 의미한다. 하지만 ⑥번 문장의 주고받음 대상 간의 관계를 살펴보면 ⑤번 문장을 풀어서 말한 것이 아니라 '열평형 상태'와 '비평형 상태'를 번복하고 있다. 일명 다른표현 같은의미가 되는 것이기 때문에 ⑤⑥번 문장은 역류 처리를 하지 않고 '동등·유사(≒)'로 처리하도록 하겠다.

문장만 떨어질 수도 있고, ⑤⑥번 문장이나 ⑦⑧번 문장처럼 두 개 이상의 문장이 범주를 형성하며 동등·유사, 순류의 방향성을 다시 만들 수도 있다. 꿈속의 꿈, 공간 속의 공간, 문장 속의 문장 등 이러한 맥락에서 문장과 문장 단위의 등급도 이해할 수 있고, 수학에서 연구하는 프랙털fractal 구조와도 연관해서 생각할 수 있다.

텍스트가 어려운 이유

정리해 보면 겉으로 보기에 텍스트는 ①②③④⑤⑥⑦⑧⑨⑩처럼 좌에서 우로 위에서 아래로 가지런히 정렬된 1차원 선형이지만 문장과 문장이 연결되어 만드는 문맥은 불완전한 징검다리 형 점선이라는 것이다. 다시 말해 ①②④⑨⑩번 문장으로 점프하며 연결된다. 왜 이런 현상이 일어날까? 앞에서 언급했듯이 텍스트는 이성적 사고 표현의 결정체이다. 여기서 이성은 관념적으로 완벽성을 추구한다. 그리고 텍스트 또한 이론적으로 이 완벽함을 구현할 수 있다. 문제는 인간이다. 인간의 생각은 다양하다. 그리고 인간은 원래부터 이성적인 것이 아니라 이성적일 수 있는 것이다. 이성적 사고는 자연스럽게 되는 것이 아니라 인간이 의식하고 노력해야 하는 인위적인 사고방식인 것이다. 표현의 수단인 텍스트는 이러한 노력의 과정에서 완벽성이 깨지는 것이다. 생각한 내용을 설명하다 보면 어느 부분에서는 설명이 필요해서 길어지고 어느 부분은 짧게 언급하고 지나가듯이 말이다. 긍정적으로 표현하면 조율이 일어나는 것이다. 그래서 문장과 문장이 끊임없이 위계(등급)를 형성하며 이어진 텍스트를 읽는 것이 어려운 것이다. 더불어 학교문법과 같이 기계적 접근만으로는 읽고 쓰기가 어려운 것이다. 사례를 좀 더 살펴보자.

사례 | ①정부나 기업이 사업에 투자할 때에는 현재에 투입될 비용과 미래에 발생할 이익을 비교하여 사업의 타당성을 진단한다. ②이 경우 물가 상승, 투자 기회, 불확실성을 포함하는 할인의 요인을 고려하여 미래의 가치를 현재의 가치로 환산한 후, 비용과 이익을 공정하게 비교해야 한다. ③이러한 환산을 가능케 해 주는 개념이 할인율이다. ④할인율은 이자율과 유사하지만 역으로 적용되는 개념이라고 생각하면 된다. ⑤현재의 이자율이 연 10%라면 올해의 10억 원은 내년에는 (1+0.1)을 곱한 11억 원이 되듯이, 할인율이 연 10%라면 내년의 11억 원의 현재 가치는 (1+0.1)로 나눈 10억 원이 된다. [SAT, 2008, 44~46, 개]

이 텍스트는 문장과 문장 사이에 지시어 등 표지어가 있는 ①②③번 문장과, 표지어가 없는 ③④⑤번 문장으로 나누어 생각할 수 있다. 우선 문장 간의 수직적 연결 고리를 확인해보면, ①②번 문장은 '비용과 이익'을 주고받음 대상으로 연결되어 있고, ②③번 문장은 '환산'을 주고받음 대상으로 연결되어 있다. 그리고 ③④⑤번 문장은 '할인율'을 주고받음 대상으로 연결되어 있다. 그렇다면 이 사례의 방향성은 어떻게 결정될까? 주고받음 대상 간의 관계를 살펴보자. 우선 ④번 문장은 ③번 문장에서 '할인율'의 개념을 언급하고, ⑤번 문장 역시 ④번 문장의 '할인율'과 '이자율'을 받아 사례를 통해 앞에서 언급한 '할인율'의 개념을 좀 더 자세히 설명하고 있다. 따라서 이 글의 방향성은 ①→②→③[←④(←⑤)]번으로 사고가 흐른다. 이를 문장 등급별로 정리해 보면 다음과 같다.

1등급 문장   ①→②→③
2등급 문장   [←④   ]
3등급 문장   (←⑤)

사례 | ①인간 생활에 있어서 웃음은 하늘의 별과 같다. ②웃음은 별처럼 한 가닥의 광명을 던져주고, 신비로운 암시도 풍겨 준다. ③웃음은 또한 봄비와도 같다. ④이것은 없었던들 인생은 벌써 사막이 되어 버렸을 것인데, 감미로운 웃음으로 하여 인정의 초목은 무성을 계속하고 있는 것이다. ⑤웃음에는 여러 가지 색채가 있다. ⑥빙그레 웃는 파안대소가 있는가 하며, 깔깔대며 웃는 박장대소가 있다. ⑦깨가 쏟아지는 간간대소가 있는가 하며, 허리가 부러질 정도의 포복절도도 있다. ⑧이러한 종류의 웃음들은 우리 인생에 해로울 것이 조금도 없다. [SAT, 1997. 14~17, 개]

이 사례는 모든 문장이 '웃음'을 주고받음 대상으로 연결되어 있다. 그럼 표지어와 주고받음 대상 간의 관계 파악을 통해 문장 간의 방향성과 등급을 결정해 보자. ②번 문장은 ①번 문장의 '하늘의 별'

에 대한 내용을 설명하고 있어 역류이다. ④번 문장은 ③번 문장의 '봄비'에 대한 내용을 자세히 설명하고 있어 이 역시 역류이다. ⑥⑦⑧번 문장은 ⑤번 문장 '색채'에 대한 내용을 구체적으로 설명하고 있어 역류이다. 평가해 보면 다소 익숙한 내용의 화제이지만 만만치 않은 한 문단이다. 왜냐하면 문장 ④와 문장 ⑧을 제외한 나머지 문장은 주고받음 대상의 관계로 문장의 방향성을 감지해야 하고 표지어가 있는 ⑧번 문장마저도 문제가 있기 때문이다. 즉, 표지어 '이러한'은 문단 전체를 정리하는 것 같지만 실은 ⑥⑦번 문장 하고만 연관되어 있다. 웃음의 종류를 언급한 문장은 ⑥⑦번 문장뿐이기 때문이다. 만약 ⑧번 문장을 '이렇듯 웃음은 우리 인생에 해로울 것이 조금도 없다.'라고 바꾸면 1등급 문장이 될 수 있을 것이다. 결국 이 글의 방향성은 ①[←②]+③[←④]+⑤[←(⑥+⑦)→⑧]으로 사고가 흐른다. 이를 등급별로 정리해 보면 다음과 같다.

1등급 문장   ①   +③   +⑤
2등급 문장   [←②]   [←④]   [←(⑥+⑦)→⑧]

여기서 1등급 문장만 뽑아 연결해 보면 문장의 방향성은 ①+③+⑤가 된다. 전형적인 "a는 b이다. a는 c이다. a는 d이다."로 주고받음 대상 'a(웃음)'를 반복하는 유형이다. 그럼 문장 간의 연결 고리를 근거로 중심내용도 결정해보자. 우선 핵심어는 '웃음, 별, 봄비, 색채, 이로움 등'이고, 화제는 '웃음'이며, 주제는 '여러 가지 색채를 갖은 웃음, 또는 인생에 이로운 웃음'으로 정리할 수 있다. 화제문장은 ①③⑤번 문장이고, 요약은 '문단+문단+...' 구성일 때 화제문장의 연결로 만들어진다.

더불어 ②번 문장을 기준으로 글쓰기도 한 번 시도해보자. 이 한 문장만 보면 '웃음', '별', '광명', '암시' 모두가 글을 이어갈 만한 내용이다. 예를 들어 경우의 수 중 '암시'를 주고받음 대상으로 해서 글을 써 내려가 보자. "웃음은 별처럼 한 가닥의 광명을 던져주고, 신비로운 암시도 풍겨 준다. 여기서 암시의 사전적 의미는 '뜻하는 바를 간접적으로 나타내는 표현법'으로 우리는 일상생활에서 다양한 얼굴 표정에 암시 담아 표현한다. 특히 단짝 친구나 연인들의 의사소통 수단으로 빈번히 동원된다. 이와 같이 의사소통이 직설적인 방법보다는 간접적인 방법으로 이루어질 때 우리는 신비로운 마음의 미소를 지을 수 있다." 즉흥적으로 연결한 글이라서 완성도가 좀 떨어지지만 그럴듯하게 연결된 듯하다.

글을 읽으면서 '사고의 폭이 넓다'는 것은 한 문장을 토대로 다양한 이야기를 연결해 갈 수 있다는 것이 아닌가 생각해 본다. 마찬가지로 문장 ②를 읽으면서 글쓴이가 써놓은 대로만 읽지 않고 독자가 주도적으로 글의 연결 요소들을 다양하게 생각하며 사고를 확장하는 훈련을 한다면 필연적으로 여러분의 사고력은 향상될 것이다.

한국인의 사고와 영어적 사고

이쯤에서 텍스트를 읽고 쓰는 것이 어려운 이유 하나를 더 생각해보자. 우선, 한국어는 중요한 것을 나중에 이야기한다. 결론을 나중에 언급하는 것이다. 그리고 수식하는 내용을 먼저 언급하고, 수식 받는 내용을 나중에 언급한다. 그 결과 한 문장 단위에서 대부분 사고가 앞에서 뒤로 흐른다.

사례1 | 전통적인 철학적 미학은 심오한 정신적 내용의 미적 형상화를 예술의 소명으로 본다.

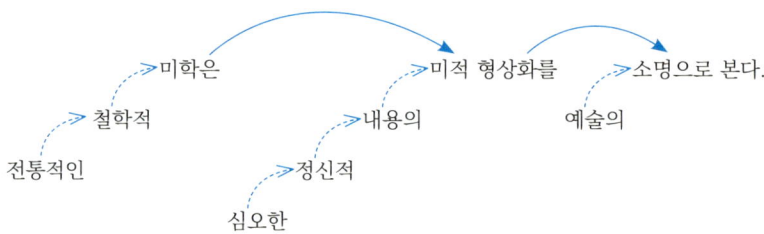

이 도식은 문법적 설명을 떠나서 직감적으로 사고가 어떻게 연결되는지를 확인할 수 있다. 품사 간의 수식점선이든, 문장 성분의 순서실선이든 앞에서 뒤로 흐른다. 사례를 더 보자.

사례2 | 지식의 본성을 다루는 학문인 인식론은 흔히 지식의 유형을 나누는 데에서 이야기를 시작한다.

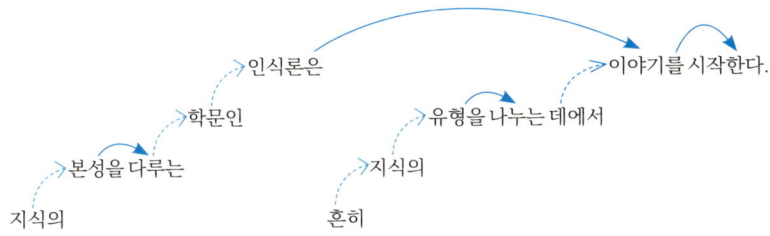

사례3 | 중국에 비록 육상산이나 왕양명 같은 사람들의 학설이 있다고 해도 주자학의 적통은 제대로 남아 있다.

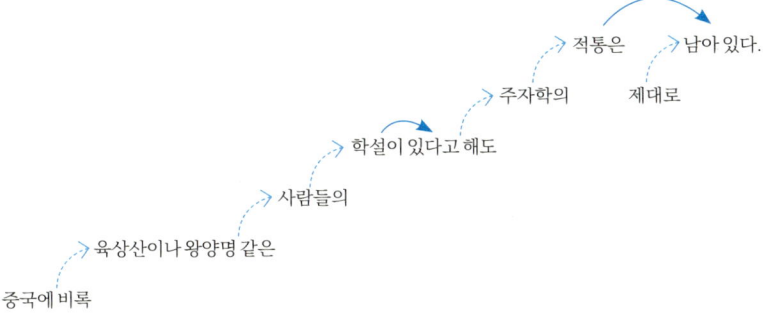

　단어든, 구나 절이든 수식하는 품사에서 수식 받는 품사로 사고가 연결된다. 이처럼 한국인은 앞에서 뒤로 흐르는 사고가 익숙하다. 물론 역류 방향성처럼 뒤에서 앞으로 향하는 경우도 있지만 많지 않다.

　그렇다면 한국어와 영어의 가장 큰 차이점은 무엇일까? 영어는 중요한 것부터 이야기한다. "찬성한다, 반대한다, 한다, 안 한다" 등 처럼 결론을 먼저 언급한다. 그리고 대부분 수식 받는 것부터 먼저 언급하고 수식하는 것을 뒤로 보낸다. 따라서 영어는 사고의 흐름이 뒤에서 앞으로 연결된다. 사례와 도식을 읽어 보자.

사례4 | Left-haded people have many problems living in a world for right-handed people.

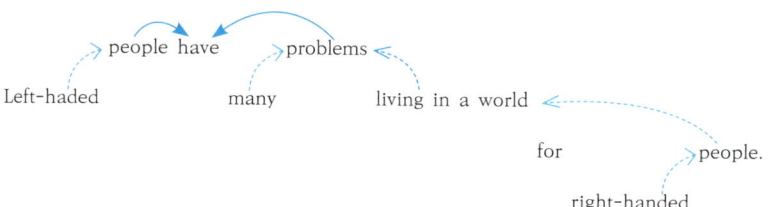

이처럼 영어의 경우는 사고의 흐름이 앞에서 뒤로도 흐르지만 대부분 뒤에서 앞으로 수식하며 연결되고 있다. 사례 하나를 더 읽어보자.

사례5 | The change of his attitude will give them enough time to prepare answers to the questions.

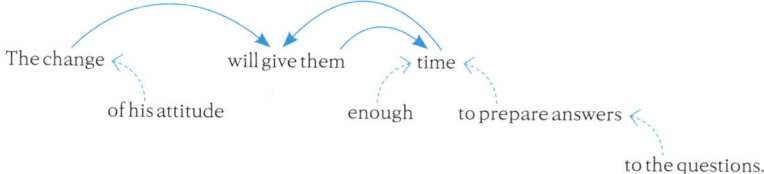

사례6 | Someone who reads only newspapers and books by contemporary authors looks to me like a near-sighted person.*

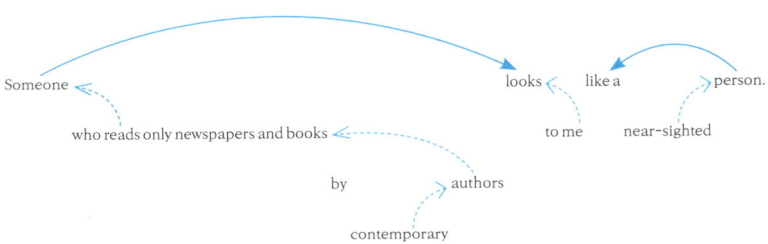

단어는 앞에서 뒤로 수식하고, 구와 절은 뒤에서 앞으로 수식하며 사고가 흐른다. 문장 성분도 주어는 앞에서 뒤로 동사를 수식하고, 보어는 뒤에서 앞으로 동사를 수식하고 있다. 보다시피 영어적 사고는 한국어보다 복잡한 구조로 연결된다.

살펴본 영어와 한국어 사례의 지역적 특징이자 차이점은 사고의 방향성이 다르다는 것이다. 한국어는 '순류'가 주류를 이루고, 영어의 경우는 '역류'가 주류를 이룬다. 그리고 이러한 한 문장의 구조는 문장과 문장 단위 구조에 반영되기 마련이다. 그럼 연장해서 두 언어의 '문장

---

* 사례4) 왼손잡이 사람들은 오른손잡이 중심의 환경에서 생활하는 데 많은 어려움이 있다.
사례5) 그의 태도 변화는 그들에게 그 질문에 대해서 답변할 충분한 시간을 줄 것이다.
사례6) 나의 주관적인 생각으로 단지 신문과 현대 작가의 책만 읽는 사람은 근시안적인 사람이다.

과 문장 단위' 연결의 특징도 살펴보자.

한국어의 경우 한 문장과 마찬가지로 문장과 문장 단위에서도 앞에서 뒤로, 덜 중요한 것에서 중요한 것으로 사고를 연결하는 경향이 더 강하다. 다시 말해 주장을 먼저 언급한 후 근거를 말하는 것보다 이유나 근거를 먼저 제시한 후 결과나 주장을 언급하는 앞에서 뒤로 가는 순서가 더 익숙한 것이다. 고전 문헌^(부록 p.256~261 참조)을 살펴보면 이러한 특징이 확연하게 드러난다. 하지만 오늘날 우리가 읽고 있는 문장과 문장 단위 텍스트도 과연 그럴까? 한 문장 단위 구조와 문장과 문장 단위 구조가 일치하지 않는다. 살펴본 '열역학 제2법칙' 사례^(p.132 참조)와 같이 요즘 우리가 접하는 텍스트 특히, 학술적이고 완성도가 높은 텍스트의 경우 한 문장의 연결 구조와 다른 양상으로 문장과 문장이 연결되고 있다. 다시 말해 역류가 많이 등장하는 것이다. 그리고 사고는 아래 도식과 같이 점프하며 연결된다.

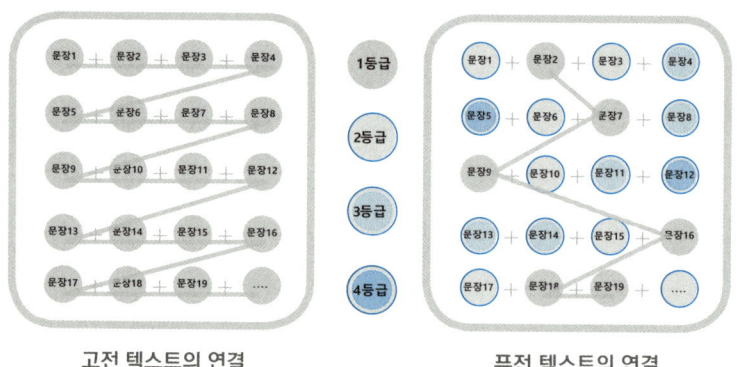

고전 텍스트의 연결   퓨전 텍스트의 연결

반면, 영어의 경우는 한 문장의 연결 방식과 '문장과 문장 단위'의 연결 방식이 맥을 같이 한다. 무슨 말이냐 하면 영어는 한 문장에서도 문장과 문장 단위에서도 사고를 점프하며 이전·이후 내용을 연결하는 구조인 것이다. 현대 사회의 텍스트는 영어적 사고가 한국어에, 한국어적 사고 영어에 반영되어 있다. 물론 영어적 사고가 한국어에 더 많이 반영되어 있다. 동서남북 개인과 국가 간의 교류는 전염병과 문화의 교환뿐만 아니라 사고의 방식도 영향을 주고받았다. 예를 들어 한국어로 번역된 책에서 한 문장은 한국인의 사고에 맞춰 번역하더라도 문장과 문장의 연결은 영어적 사고 그대로이다. 번역서뿐만 아니라 많은 석학이 유학 가서 또는 원서를 통해 지식을 습득하는 과정에서 미미한 부분*에서부터 구조적인 부분까지 영어적 사고에 익숙해진다. 그리고 이 사람들이 다시 책을 쓰게 되면 영어적 사고가 묻어나게 된다. 결국 우리가 읽고 쓰는 한 문장 단위의 연결 구조와 현실적으로 직면하는 문장과 문장 단위의 연결 구조가 일치하지 않는 것이다. 그래서 한 문장은 잘 읽는데 문장과 문장 단위 즉, 텍스트를 읽고 쓰는 데는 불편해하는 듯하다.

---

* 일례로 한 문장 단위에서 "영어와 같은 언어는 두 문장 이상을 연결하여 한 문장을 만들 때 'and, but 등'과 같은 단어를 사용하여 연결할 수 있지만, 한국어에서는 한 문장 안에서 '그리고, 그러나'와 같은 말을 사용할 수 없다. 한국어에서 문장과 문장을 연결하여 하나의 문장으로 만들고자 할 때는 연결어미를 이용한다. _{외국인을 위한 한국어 문법 | 국립국어원}" 하지만 우리가 접하는 많은 텍스트를 보면 한 문장 안에 '그리고'가 포함된 경우가 많다. 무엇보다 이러한 표현이 어색하지도 않다.

13장
중심내용 표시, 찾지말고 빼라

 글을 읽고 중심내용을 표시하는 방법은 핵심어에 동그라미나 네모, 세모를 치는 방법, 밑줄을 긋는 방법 등 다양하다. 무엇을 활용하든 정답은 없다. 하지만 저자는 문장 단위로 중심내용을 표시하는 것을 제안한다. 단어 중심의 소극적인 방법보다 문장 단위로 크게 영역을 그어놓아야 알아보기 수월하기 때문이다. 중요한 내용을 표시하든 반대로 덜 중요한 내용을 표시하든 그 방법은 굵직굵직해야 한다.
 문장 단위로 경계(박스 처리)를 표시하는 방식은 우선 중요한 내용을 보다 진하게 체크하는 방법이 있다. 예를 들어 지평선을 기준으로 산의 높이를 표시하는 등고선과 같이 더하며 쌓는 방식이다. 반대로 중요하지 않은 2등급 이하 문장을 더 진하게 표시하는 방법이 있다. 이는 수평선을 기준으로 바다의 깊이를 단계별로 나타내는 수심 등고선과 같이 덜 중요한 것을 아래로 누르며 빼는 방식이다. 깊은 것이 낮은 등급이 되는 것이다.

중요한 것을 표시할 수 있으면 중요하지 않은 내용 또한 표시할 수 있다. 따라서 실전에서는 상대적으로 덜 중요한 2등급 이하 문장을 더 진하게 표시하면 된다. 줄여야 기억하기 수월하다. 그렇다면 무엇을 빼야 할까? 바로 역류 문장이다. 역류 안에 있는 순류, 대립·대조, 더하기 등도 같이 빼면 된다.

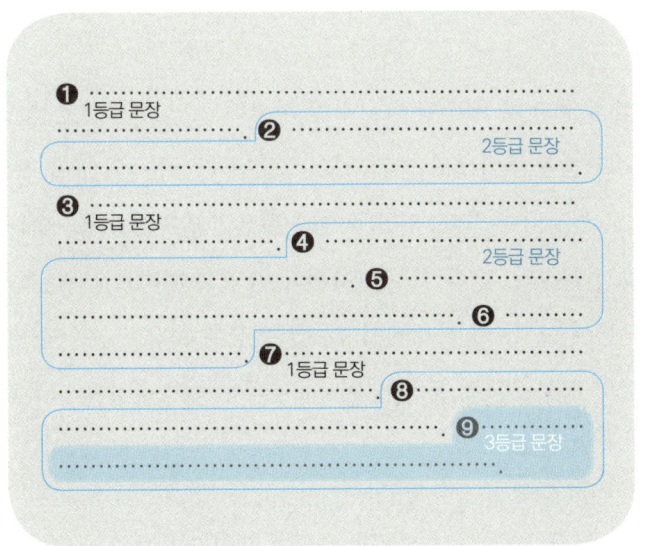

도식과 같이 실전에서 1등급 문장은 그대로 두고, 2등급 문장은 박스(◯)로 표시하면 된다. 그리고 3등급 문장은 박스 처리한 2등급 문장 안에 해치1(////)로, 4등급 문장은 해치2(\\\\)로 빠르게 표시하면 된다. 단, 이 책 본문에서는 해치 대신 면처리로 표현하고 있다. 그럼 사례를 읽고 덜 중요한 내용을 빼보자.

사례 | ①상식적으로는 자신에게 보이고 들리고 느껴지는 그대로 세계가 존재할 것이라고 생각하지만, 회의론에서는 그 보고 듣고 느끼는 세계가 모두 환상일지도 모른다는 가정을 옹호한다. ②가장 널리 알려진 회의론은 근세 철학의 창시자인 데카르트에 의해 제시되었는데, 그는 의심이 전혀 불가능한 확실한 지식을 찾기 위해 체계적으로 의심하는 방법을 만들었다. ③즉 의심할 수 있는 이유를 더 이상 찾을 수 없을 때까지 의심할 수 있는 것은 모두 의심해 보는 것이다. [SAT, 2014 예비 B형, 19~21, 가]

우선 문장과 문장의 연결 고리를 정리해 보면 ①②번 문장은 '회의론'을 주고받음 대상으로 연결되고, ②③번 문장은 '의심'을 주고받음 대상으로 연결되어 있다. 또한 문장과 문장의 방향성은 ①→②[←③]으로 사고가 흐른다. 그럼 이제 중요한 문장과 상대적으로 덜 중요한 문장을 구분해 보자. 이 사례에서 1등급 문장은 ①②번 문장이 되고, ③번 문장의 경우 2등급 문장이 된다. 따라서 ③번 문장에 다음과 같이 박스를 치면 된다.

사례 | ①상식적으로는 자신에게 보이고 들리고 느껴지는 그대로 세계가 존재할 것이라고 생각하지만, 회의론에서는 그 보고 듣고 느끼는 세계가 모두 환상일지도 모른다는 가정을 옹호한다. ②가장 널리 알려진 회의론은 근세 철학의 창시자인 데카르트에 의해 제시되었는데, 그는 의심이 전혀 불가능한 확실한 지식을 찾기 위해 체계적으로 의심하는 방법을 만들었다. ③즉 의심할 수 있는 이유를 더 이상 찾을 수 없을 때까지 의심할 수 있는 것은 모두 의심해 보는 것이다. [SAT, 2014 예비 B형, 19~21, 가]

사례 | ①로마의 법률가들이나 중세 영국의 판사들은 단순히 합의가 있었다고 해서 당사자가 합의의 내용에 구속된다고 보지는 않았다. ②그뿐 아니라 합의가 지켜지지 않으면 곧 소송을 통해서 그 이행을 강제할 수 있어야 한다는 생각도 그들에게는 매우 낯선 것이었다. ③왜냐하면 그들이 보기에 합의의 불이행으로 인한 손해를 구제하는 것과 합의의 이행을 강제하는 것은 확연히 구분되는 일이었으며, 소송은 기본적으로 전자를 위한 수단이었지 후자를 위한 수단은 아니었기 때문이다. ④예컨대 로마의 법률가들은, 만일 당사자가 어떤 노예를 해방하기로 하고 돈을 받아 놓고도 그 노예를 해방하지 않고 있다면 받은 돈을 되돌려 주도록 하는 것으로 충분하며 굳이 그 노예를 해방하도록 강제할 필요는 없다고 보았다. ⑤그들은 합의는 준수되어야 한다는 선험적인 전제로부터 출발하여 사태를 해결하려 했던 것이 아니라 단지 구체적인 분쟁에 대한 만족스러운 해결책은 무엇인가라고 하는 지극히 현실적인 물음에서 출발했던 것이다. [LEET, 2009, 5~7, 下]

마찬가지로 역류 문장을 찾고, 그 문장에 박스를 쳐보면, ①②⑤번 문장은 1등급 문장, ③번 문장은 2등급 문장, ④번 문장은 3등급 문장이 된다. 통상 1등급 문장에서는 큰 흐름을 언급하고, 2등급 이하 문장에서는 세부내용을 언급한다.

1등급 문장   ①+②   →⑤
2등급 문장   [←③   ]
3등급 문장   (←④)

사례 | ①다양한 예술 사이의 벽을 무너뜨리는 해프닝은 기존 예술에서의 관객의 역할을 변화시켰다. ②행위자들은 관객에게 봉사하는 것이 아니라 고함을 지르거나 물을 끼얹으면서 관객들을 자극하고 희롱하기도 한다. ③공연은 정해진 어느 한 곳이 아니라 이곳저곳에서 혹은 동시 다발적으로 이루어지기도 하며, 관객들은 볼거리를 따라 옮겨 다니면서 각기 다른 관점을 지닌 장면들을 보기도 한다. ④이것은 관객들을 공연에 참여하게 하려는 의도라고 할 수 있다. ⑤그렇게 함으로써 해프닝은 삶과 예술이 분리되지 않게 하고, 궁극적으로는 일상적 삶에 개입하는 의식(儀式)이 되고자 한다. ⑥나아가 예술 시장에서 상징적 재화로 소수 사람들 사이에서 거래되는 것을 거부한다. ⑦또 해프닝은 박물관에 완성된 작품으로 전시되고 보존되는 기존 예술의 관습에도 저항한다. [SAT, 2003, 42~46, 대]

주고받음 대상 관계를 통해서 역류 문장을 찾아보면, ②③④번 문장이 잡힌다. 우선 이 문장들에 박스를 치고 문장 간의 연결 고리를 정리해 보면 ①②③④번 문장은 '관객'을 주고받음 대상으로 연결되고, ①⑤⑥⑦번 문장은 '해프닝'을 주고받음 대상으로 연결되어 있다. 문장과 문장의 방향성은 ①[←(②+③)→④]→⑤+⑥+⑦으로 사고가 흐른다.

1등급 문장　　　①　　　　　　→⑤+⑥+⑦
2등급 문장　　　　　　[←(②+③)→④]

더불어 문장 간의 연결 고리를 근거로 중심내용을 정리해 보면, 핵심어는 '해프닝, 관객, 행위자, 공연, 참여 등'이고, 화제는 '해프닝'이다. 주제는 '해프닝은 관객의 역할을 변화시킴으로써 삶의 의식이 되고 예술시장의 거래를 거부하며 기존 예술의 관습에도 저항한다.'이다. 화제문장은 ①⑤⑥⑦번 문장이고, 요약은 '문단+문단+…' 구성일 때 화제문장의 연결로 만들어진다.

서두에서도 언급 했듯이 중심내용을 찾고 표시하는 방법은 다양하다. 저자의 경우 박스처리를 기준으로 문장의 등급을 구분하고, 문장과 문장의 수직적 연결 고리인 핵심어에 〈중괄호〉를 표시하며 문맥을 눈에 보이게 표시하고 있다. 그래서 책을 읽을 때는 항상 펜이 필요하다.

14장

문단은 없다.
그러나...

TM 명제에서 텍스트 단위는 '한 문장 단위'와 '문장과 문장 단위' 두 가지 방식으로만 구분하고 있다. 그럼에도 불구하고 이 장에서 '문단'을 언급하는 이유는 우리가 접하는 모든 텍스트에서 형태적으로 문단이 존재하기 때문이다. '글에서 하나로 묶을 수 있는 짤막한 단위' 문단의 사전적 정의이다. 하지만 우리가 읽는 책이나 시험 제시문에 나오는 단락 즉, 적게는 두 개에서 많게는 십여 개의 문장이 연결된 문단이 과연 하나의 생각 단위로 명확하게 구분되어 있을까? 그렇지 않은 사례들이 많다. 오히려 한 문단 안에 두 개의 생각 단위가 들어 있기도 하고, 하나로 묶어야 하는 문장들을 둘로 나눈 형식적인 문단들을 쉽게 발견할 수 있다. 사람들의 생각이 다양한데 어찌 생각 단위가 다섯 개에서 십여 개 문장 내외로 균등하게 나누어질 수 있겠는가? 글을 쓰다 어느 정도 길다 싶으면 임의로 자르지 않는 이상 말이다. 그럼 형식적인 문단과 문단의 연결이 실질적으로 어떻게 문장과 문장으로 연결되는지 사례를 통해 확인해 보자.

사례 | 가①지난 2008년의 미국발 금융 위기와 관련해 '증권화'의 역할이 재조명되었다. ②증권화란 대출채권이나 부동산과 같이 현금화가 쉽지 않은 자산을 시장성이 높은 유가증권으로 전환하는 행위이다. ③당시 미국의 주택담보 대출기관, 곧 모기지 대출기관들은 대출채권을 유동화해 이를 투자은행, 헤지펀드, 연기금, 보험사 등에 매각하고 있었다. ④이들은 이렇게 만들어진 모기지 유동화 증권을 통해 오랜 기간에 걸쳐 나누어 들어올 현금을 미리 확보할 수 있었고, 원리금을 돌려받지 못할 위험도 광범위한 투자자들에게 전가할 수 있었다. ⑤증권화는 위기 이전까지만 해도 경제 전반의 리스크를 줄이고 새로운 투자 기회를 제공하며 금융시장의 효율성을 높여주는 금융 혁신으로 높게 평가되었다.

나①하지만 금융 위기가 일어나면서 증권화의 부정적 측면이 부각되었다. ②당시 모기지 대출기관들은 대출채권을 만기 때까지 보유 해야 한다는 제약으로부터 벗어남에 따라 대출 기준을 완화했다. ③이 과정에서 신용 등급이 아주 낮은 사람들을 대상으로 했거나 집값 대비 대출금액이 높았던 비우량(subprime)모기지 대출이 늘어났는데, 그동안 계속 상승해 왔던 부동산 가격이 폭락하고 채무 불이행 사태가 본격화되면서 서브프라임 모기지 사태가 발생했다. ④이때 비우량 모기지의 규모 자체는 크지 않았지만 이로부터 파생된 신종 유가증권들이 대형 투자은행 등 다양한 투자자들에 의해 광범위하게 보유·유통되었다는 점에 특히 주목할 필요가 있다. ⑤이들은 증권화로 인해 보다 안전해졌다는 과신 속에서 과도한 차입을 통해 투자를 크게 늘렸는데, 서브프라임 모기지 사태를 기점으로 유가증권들의 가격이 폭락함에 따라 금융 기관들의 연쇄 도산 사태가 일어났던 것이다.

다①이에 따라 증권화를 확대한 금융기관과 이를 허용한 감독당국에 비판이 집중되었다. ②하지만 일각에서는 금융 위기의 원인이 증권화가 아니라 정부의 잘못된 개입에 있다는 상반된 주장도 제기되었다. ③시장의 자기 조정 능력을 긍정하는 이 '정부 주범론'은 소득 분배의 불평등 심화 문제를 포퓰리즘으로 해결하려던 것이 금융 위기를 낳았다고 주장한다. 〈이하 생략〉 [LEET. 2014. 1~3]

이 사례는 가, 나, 다 세 개의 문단으로 구성되어 있지만, 실질적으로 생각 단위는 문단 가+나, 다로 나누어진다. 우선 문단 가와 나의 연결은 가⑤번 문장의 '증권화 높이 평가'와 나①번 문장의 '증권화의 부정적 측면 부각'이 주고받음 대상이 되어 흐름 전환하는 것을 확인할 수 있다. 이 두 문단의 연결은 생각 단위가 연결되는 것이 아니라 '증권화의 재평가'와 관련한 하나의 화제를 두 문단으로 나누어 언급하는 것으로 실질적으로는 문장과 문장의 연결이다. 이어서 문단 가, 다의 연결을 살펴보자. 이 제시문은 '2008년 미국발 금융 위기'에 관한 내용으로 두 개의 화제를 언급하고 있다. 첫 번째 '증권화 역할 재조명'에 관한 내용을 가와 나에 걸쳐 언급하고, 두 번째 금융 위기의 원인으로 '정부의 잘 못된 개입'을 다문단 이후에서 언급하고 있다. 따라서 화제 문장은 갸①번 문장과 댜②번 문장으로 잡을 수 있다. 이 두 문장을 연결해보면 "지난 2008년의 미국발 금융 위기와 관련해 '증권화'의 역할이 재조명되었다. 하지만 일각에서는 금융 위기의 원인이 증권화가 아니라 정부의 잘못된 개입에 있다는 상반된 주장도 제기되었다."으로 흐름을 전환하고 있다. 이를 도식으로 정리해 보면 다음과 같다.

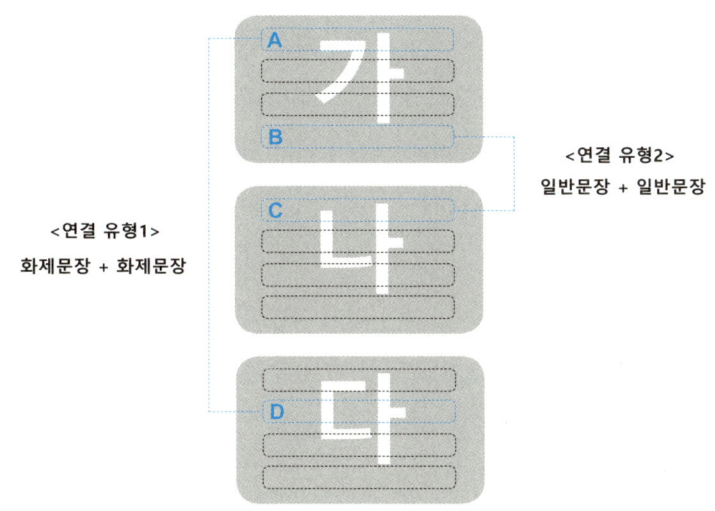

이처럼 텍스트는 문장들의 연결과 함께 형식적 문단들로 구분된다. 이런 관점에서 생각해 보면 문단과 문단은 문장과 문장의 확장 형태가 아니라, 문장과 문장의 다른 이름일 뿐이다. 따라서 우리에게 독해력을 요구하는 모든 텍스트는 '문장과 문장 단위'로 접근하면 쉽게 이해할 수 있다. 여기서 하나에 문단에 화제문장은 하나일 수도 여러 개일 수도 있으며, 반대로 화제문장이 없는 문단도 있다. 사례를 더 읽어 보자.

사례 | 가①어떤 경제 주체의 행위가 자신과 거래하지 않는 제3자에게 의도하지 않게 이익이나 손해를 주는 것을 '외부성'이라 한다. ②과수원의 과일 생산이 인접한 양봉업자에게 벌꿀 생산과 관련한 이익을 준다든지, 공장의 제품 생산이 강물을 오염시켜 주민들에게 피해를 주는 것 등이 대표적인 사례이다.

나①외부성은 사회 전체로 보면 이익이 극대화되지 않는 비효율성을 초래할 수 있다. ②개별 경제 주체가 제3자의 이익이나 손해까지 고려하여 행동하지는 않을 것이기 때문이다. ③예를 들어, 과수원의 이윤을 극대화하는 생산량이 Q_a라고 할 때, 생산량을 Q_a보다 늘리면 과수원의 이윤은 줄어든다. ④하지만 이로 인한 과수원의 이윤 감소보다 양봉업자의 이윤 증가가 더 크다면, 생산량을 Q_a보다 늘리는 것이 사회적으로 바람직하다. ⑤하지만 과수원이 자발적으로 양봉업자의 이익까지 고려하여 생산량을 Q_a보다 늘릴 이유는 없다.

다①전통적인 경제학은 이러한 비효율성의 해결책이 보조금이나 벌금과 같은 정부의 개입이라고 생각한다. ②보조금을 받거나 벌금을 내게 되면 제3자에게 주는 이익이나 손해가 더 이상 자신의 이익과 무관하지 않게 되므로, 자신의 이익에 충실한 선택이 사회적으로 바람직한 결과로 이어진다는 것이다. 〈이하 생략〉 [SAT, 2012, 29~30]

이 사례에서 문단 가는 화제문장이 없다. 문단이 통째로 '외부성'에 대한 개념을 정의하고, 그 개념의 사례까지 들며 자세히 설명하고 있기 때문이다. 이후 문단과의 관계를 살펴보면 가①번 문장과 나①번 문장이 '외부성'을 주고받음 대상으로 연결되는 구조이다. 다만 문단 가는 통째로 이후 나①번 문장으로 수렴된다. 이어서 문단 나의 경우 ②번 문장은 ①번 문장의 근거를 들고 있어 방향성은 역류(2등급 문장)이다. 그리고 ③④⑤번 문장은 ②번 근거 문장의 사례를 들고 있어 이 또한 역류이다. 정확히는 역류의 역류(3등급 문장)이다. 따라서 글의 방향성은 ①[←②(←③ ⌐ ④↔⑤)]으로 흐르며, 화제문장은 ①번 문장이다.

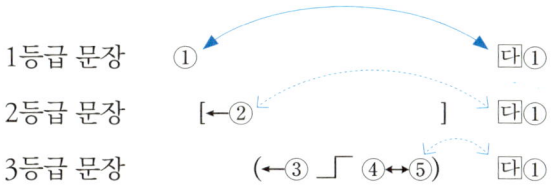

그렇다면 이후 다①번 문장은 나문단의 몇 번째 문장과 수직적 연결 고리를 형성할까? 저자는 세 가지 경우가 가능해 보인다. 우선 화제문장인 나①번 문장과 연결될 수 있다. 두 번째는 근거 문장인 나②번 문장과 연결할 수 있다. 세 번째는 사례를 더 제시할 경우 나⑤번 문장과도 연결할 수 있다. 정답은 없다. 다만 문단 간의 성격이 달라지는 것뿐이다. 그럼 문단 나와 다의 연결 고리를 확인해 보자. 이 두 문단은 '비효율성'을 주고받음 대상으로 연결되며, 다①번 문장은 나①번 문장에서 '비효율성'을 받아 '정부의 개입'으로 사고를 확장하고 있다. 따라서 순류가 된다. 이 두 문장을 연결해보면, 나①외부성은 사회 전체로 보면 이익이 극대화되지 않는 비효율성을 초래할 수 있다. 다①전통적인 경제학은 이러한 비효율성의 해결책이 보조금이나 벌금과 같은 정부의 개입이라고 생각한다. 더는 설명이 필요 없을 듯하다.

사례 | 가①역사가 옛날로 올라갈수록 개인의 비중이 사회보다도 컸던 것 같다. ②사회 구조가 개인 중심으로 이루어졌고, 산업과 정치가 현대와 같은 복잡 사회를 필요로 하지 않았기 때문이다. ③개인이 모여서 사회가 되므로, 마치 사회는 개인을 위해 있으며, 개인이 사회를 주인들인 것같이 생각되어 왔다.

나①그러나 현대 사회로 접어들면서는 정치, 경제를 비롯한 사회의 모든 분야가 개인보다도 사회를 중심으로 운영되는 성격을 띠게 되었다. ②영국을 출발점으로 삼는 산업 혁명은 경제의 사회성을 강요하게 되었고, 프랑스 혁명은 정치적인 사회성을 강조하기에 이르렀다.

다①19세기 중엽에 탄생된 여러 계통의 사회 과학을 보면, 우리들의 생활이 급속도로 사회 중심 체제로 변한 것을 실감케 된다. ②그러므로 옛날에는 개인이 중심이고 사회가 그 부수적인 현상같이 느껴졌으나, 오늘에 이르러서는 사회가 중심이 되고 개인은 그 사회의 부분들인 것으로 생각되기에 이르렀다. ③특히, 사회가 그 시대의 사람들을 만든다는 주장이 대두되면서부터 그 성격이 점차 굳어졌다. ④실제로, 현대를 살고 있는 우리들의 생활을 살펴보면 내가 살고 있다기보다는 '우리'가 살고 있으며, 이 때의 '우리'라 함은 정치, 경제 등의 집단인 사회를 가리키고 있는 것이 오늘의 현실이다. 〈이하 생략〉 [SAT, 1995, 21~24]

이 사례는 문단별 화제문장 깐①과, 낸①과, 댄①이 이상적으로 연결되는 대표적인 사례이다. 정리해보면 문단 간의 연결은 화제 문장과 화제문장이 연결되기도 하고, 문단의 맨 마지막 문장과 이후 문단의 첫 문장이 연결되기도 한다. 심지어 이후 문단의 한 문장이 이전 문단을 통째로 받기도 한다. 이처럼 문단과 문단의 연결 방식은 다양하다. 결국 문단과 문단의 연결은 실질적으로는 문장과 문장의 연결이 되는 것이다. 그리고 이렇게 이어지는 고리와 더불어 방향성을 갖는 것이다. 그 연결 방식은 우선, 이전 문단에서 이후 문단으로 사고를 확장하는 순류(⇓)가 있다. 두 번째, 이전 문단의 주고받음 대상을 이후 문단에서 구체적으로 설명하는 역류(⇑)가 있다. 세 번째, 이전 문단과 다른 입장을 이후 문단에서 언급하는 대립·대조(⇕)가 있다. 다음으로 이전 문단과 함께 이후 문단을 더해서 사고를 연결하는 더하기(✢) 등이 있다. 더 자세한 방향성 개념은 문장과 문장 단위 방향성 설명을 참조하면 된다.

여기서 중요한 것은 장문의 텍스트에서 문장 간의 연결은 앞뒤 문장의 연결 뿐만 아니라, 이전 문장과 이후 문장 간에도 연결된다는 것이다. 다시 말해 점프하는 징검다리 형 연결이다. 그렇다면 어떤 연결 방식이 가장 좋은 텍스트일까? 아마도 가장 이상적인 문단 간의 연결은 화제문장과 화제문장이 균형 있게 연결되는 구성일 것이다. 결국 한 편의 제시문 즉, 문단들의 연결 방식도 '문장과 문장 단위의 수직적 연결'의 연장 선상에서 이해하면 된다.

15장
원리는 적용하고 응용할 수 있어야 한다

텍스트를 읽으면서 가장 어려운 지점은 문장과 문장 사이에서 연결 고리를 찾을 수 없는 부분이다. 이는 삶에 비유하면 기억 상실증이나 필름이 끊겼을 때 그 공백 같은 경우이다. 반대로 글을 쓰는 입장에서는 문장과 문장을 매끄럽게 연결하는 것이 가장 어렵다. 따라서 미완성 된 글은 어느 한 부분에서 단절이 일어난다. 그리고 이러한 단절은 시험에서 문제를 만들기 좋은 조건이 되곤 한다. 그 대표적인 문제가 전제 및 추론 문제이다.

우리는 일상에서 대화할 때 서로 아는 내용은 전제로 하고 생략하는 경우가 많다. 하지만 전체적인 내용을 알지 못하는 사람에겐 그 단절된 부분은 추론의 영역으로 남게 된다. 문장으로 관점을 돌려서 이렇게 추론이 필요한 부분은 주변 문장에서 '주고받음 대상의 경우의 수'를 근거로 '주고받음 대상'을 연결하는 것이다. 더불어 문장의 구조를 묻는 문제 역시 같은 맥락으로 접근할 수 있다.

전제 및 추론 문제 풀이 프로세스

전제 및 추론 문제의 핵심은 문장과 문장 사이의 단절이 있다는 것이다. 다시 말해 문장과 문장 일부분을 끊어 놓은 것이다. 단절은 바꿔말하면 주고받음의 관계가 성립하지 않는 것이다. 그리고 이렇게 끊어진 문장과 문장을 연결하기 위해서는 두 가지 전략이 필요하다.

우선 형식적인 관점에서 주장 문장과 전제 문장의 범위를 확인해야 한다. 그러고 나서 주장 문장의 '주고받음 대상 경우의 수'를 결정한 다음, 결정한 '주고받음 대상 경우의 수'를 전제 문장(선택지)과 비교해보고 주장 문장의 경우의 수가 포함된 선택지를 고르거나 지워나가면 된다. 만약 두 개 이상의 선택지가 잡히면 내용적인 관점에서 가장 적합한 선택지를 고르면 된다. 전제 문장은 주장 문장과 주고받음 대상이 하나 이상 있어야 하기 때문이다. 이처럼 텍스트를 읽을 때 사고는 자의적 판단이 아닌 근거(주고받음 대상 경우의 수)를 바탕으로 해야 한다. 그럼 다음 사례를 읽고 문제까지 풀어 보자.

사례 | ①오늘날 여성의 지위에 대한 사회적 인식은 점차 개선되고 있다. ②그렇지만 여성의 가치나 노력에 대한 평가는 여전히 잘못되어 있다. ③사회의 구성이나 역할에서 여성이 차지하는 비중을 볼 때, 이것은 여성만의 문제가 아니라 우리 사회 전체의 문제가 된다. ④따라서 이러한 문제들은 사회 구성원 각자의 인식 변화를 통하여 해결하려고 하기보다는 실질적인 남녀 고용 평등과 육아에 관한 법규를 개정하는

등의 제도 개선을 통하여 해결하여야 할 것이다. ⑤이와 동시에 ⓒ여성에 대한 편견을 극복하기 위한 교육적인 노력도 병행하여야 할 것이다. [SAT, 1995, 44~49, 대]

49. ⓒ의 논리적 전제로 볼 수 없는 것은?
① 남녀 평등은 실현되어야 한다.
② 여성의 능력을 개발해야 한다.
③ 교육은 인간을 변화시킬 수 있다.
④ 실질적인 남녀 평등이 실현되지 않고 있다.
⑤ 편견이 여성 문제 해결의 장애가 되고 있다.

　우선 이 사례의 수직적 연결 고리와 방향성을 결정해보자. ①②③번 문장은 '여성'을 주고받음 대상으로, ③④번 문장은 '문제'를 주고받음 대상으로 연결되어 있다. 그리고 ②번 문장은 표지어 '그렇지만'을 통해서 흐름 전환을 만들고, ④번 문장 '따라서'를 통해서 순류를 구성하며 방향성은 ① ┘ ②→③→[④+⑤]으로 사고가 흐른다.
　이를 바탕으로 문제를 풀어보면 제시문에서 주장인 ⑤번 문장 ⓒ의 주고받음 대상 경우의 수는 '여성, 편견 극복, 교육적인 노력' 이 세 가지로 좁혀진다. 그리고 이 문장 속에서 역류 표지어 'a하기 위한 b'를 순류로 순서지움 하면 '교육적인 노력을 통해 편견 극복'으로 정리할 수 있다. 그렇다면 문제에서 요구하는 전제 즉 선택지에서는 주장 문장과 주고받음 대상이 적어도 한 개는 일치해야 한다. 직설적으로 똑같은 단어든 아니면 패러프레이즈한 단어든 말이다. 그럼 선택지를 살펴보자.

①남녀 평등은 실현되어야 한다. 남녀 평등은 문장 ④에 나오는 주고받음 대상이다. 분명 주장 문장 ㉢의 주고받음 대상 경우의 수 범위를 넘어서고 있다. 이 문단의 맥락은 '문제 해결 즉, 편견 극복=제도개선 + 교육'이기 때문이다. 다시 말해 문제 해결을 위한 두 가지 방법의 하나는 제도이고 또 다른 하나는 교육이다. 그런데 '남녀 평등 실현 되어야 하기 때문에 편견을 극복해야 한다.'라는 논리가 좀 어색하다. 평등 실현과 편견 극복은 '다른 표현 같은 의미'이다. 비유하면 철수는 남성이기 때문에 남자다. 이런 논리이다. 따라서 이 선택지가 전제가 되기에는 분쟁의 소지가 있는 듯하다. ②여성의 능력을 개발해야 한다. '능력'은 주장 문장의 주고받음 대상 경우의 수에 없다. 따라서 정답이다. 더욱이 이전 문장에서 '여성 능력 평가가 잘못되어 있다'는 '능력이 있다'와 유사한 의미이다. ③교육은 인간을 변화시킬 수 있다. '교육'은 주장 문장의 주고받음 대상 경우의 수에 있다. 따라서 전제이다. ④실질적인 남녀 평등이 실현되지 않고 있다. 선택지 ①과 같은 맥락이지만 내용상으로 해석해 보면 전제가 될 수 있다. '남녀 평등 실현 안 됨=편견'이기 때문이다. ⑤편견이 여성 문제 해결의 장애가 되고 있다. '편견'도 주장 문장의 주고받음 대상 경우의 수에 있다. 따라서 이 선택지 역시 전제이다.

사례 | ①표상적 지식은 다시 여러 가지 기준에 따라 나눌 수 있는데, 그

중에서도 '경험적 지식'과 '선험적 지식'으로 나누는 방법이 대표적이다. ②경험적 지식이란 감각 경험에서 얻은 증거에 의존하는 지식으로 '그는 이 사과가 둥글다는 것을 안다'가 그 예이다. ③물리적 사물들의 특정한 상태, 즉 사과의 둥근 상태가 감각 경험을 통해서 우리에게 입력되고, 인지 과정을 거쳐 하나의 표상적 지식이 이루어진 것이다. ④ ㉠우리는 감각 경험을 통해 직접 만나는 개별적인 대상들로부터 귀납추리를 통해 일반 법칙에 도달할 수 있다. ⑤㉡따라서 자연 세계의 일반 법칙에 대한 지식도 경험적 지식이다. [SAT. 2007. 33~36. 라]

35. ㉠으로부터 ㉡을 도출하는 과정에서 생략된 전제로 가장 적절한 것은?
① 귀납추리는 일반 법칙에 기초해 있다.
② 귀납추리는 자연에 대한 지식을 확장해 준다.
③ 귀납추리는 지식의 경험적 성격을 바꾸지 않는다.
④ 귀납추리는 지식이 경험 세계를 넘어서도록 한다.
⑤ 귀납추리의 결론은 전제로부터 필연적으로 도출되지 않는다.

먼저 문제를 분석해 보자. 주장 문장 ㉡의 주고받음 대상 경우의 수는 '귀납추리, 일반 법칙, 경험적 지식'이다. 그리고 첫 번째 전제 문장 ㉠의 주고받음 대상 경우의 수 중 '귀납추리, 일반 법칙'이 주장 문장과 수직적 연결 고리를 형성한다. 그렇다면 부족한 두 번째 전제는 '경험적 지식'에 대한 내용이 필요할 것이다. 전제 즉 선택지에서 '경험적 지식' 또는 '경험'과 '지식'이 들어있는 선택지를 찾아보면 ③, ④번 두 개가 잡힌다. 이제부터는 내용을 살펴야 한다. '일반 법칙에 대한 지식도 경험적 지식이다'는 '일반 법칙=경험적 지식'이라는 등호가 성립한다. 따라서 선택지 ③이 정답이다.

사례 | 다음 괄호에 들어갈 내용을 〈보기〉에서 찾아 순서대로 나열한 것은? [PSAT. 2008. 2]

①실학을 과연 근대정신이라 부를 수 있는 것인가? ②현재와 동일한 생활 및 시대 형태를 가진 시대를 근대라 한다면, (   ). ③실학은 그 비판적인 입장에서 봉건사회의 본질을 해부하고, 노동하지 않는 계급을 비방하였을 뿐만 아니라, 신분 세습과 대토지 사유화를 비판/부인하였다. ④그러나 그 비판의 기조는 당우(唐虞)* 삼대 에 속하는 것이었으며, (   ). ⑤이에 반해 서양의 문예부흥은 고대 희랍에서 확립 되었던 시민의 자유를 이상으로 하고, 또 강제/숙명/신비/ 인습 등의 봉건적 가치를 완전히 척결하였다. ⑥이것은 실학과 좋은 대조를 이룬다. ⑦실학은 봉건사회의 제 현상에 대한 회의와 반항이기는 하였다. ⑧그러나 (   ). ⑨또 사실상 보수적 행동으로 이를 따랐던 것이다. ⑩다만 (   ). ⑪실학은 근대 정신의 내재적인 태반(胎盤)의 역할을 담당하였던 것이다.

---

* 당우(唐虞) 삼대: 유교에서 말하는 중국 고대의 이상적인 태평시대

ㄱ. 비판의 입장도 역사적 한계를 넘어설 만큼 질적으로 다르지 않았다
ㄴ. 실학은 이러한 정체된 봉건사회를 극복하고, '근대'라는 별개의 역사와의 접촉을 준비하는 한 시기의 사상이었다
ㄷ. 실학은 여전히 유교를 근저로 하는 봉건사회의 규범 안에서 생겨난 산물이었다
ㄹ. 실학은 결코 근대의 의식도 근대의 정신도 아니다

　문장과 문장을 논리적으로 연결하는 문제에서 문장 간의 수직적 연결 고리를 찾는 방법은 우선 이전 문장과 이후 문장 중 주고받음 관계가 밀접한 문장을 결정한 다음 형식적인 측면에서 두 문장의 주고받음 대상을 결정하고 그 단어가 있는 선택지를 고르면 된다. 그런데 만약 주고받음 대상이 여러 개의 선택지에 공통으로 포함되어 있다면 내용적인 측면을 고려해서 답을 결정하면 된다. 그럼 우선 ②번 문장과 밀접한 문장을 생각해보자. ②번 문장은 ③번 문장보다 ①번 문장과 더 밀접하다. 그러므로 ①번 문장 중 적어도 하나 이상의 주고받음 대상이 ②번 문장과 연결되어야 한다. ①번 문장의 주고받음 대상 경우의 수를 뽑아보면 '실학, 근대정신'이 잡힌다. 따라서 ②번 문장의 완성은 'ㄹ'을 통해 가능하다. 참고로 'ㄴ'이 정답이 되기 위해서는 이전 문장에서 '봉건사회'에 대한 내용이 언급되어야 할 것이다. 다음 ④번 문장도 마찬가지로 이후 문장보다 이전 문장인 ③번 문장의 주고받음 대상 경우의 수 '실학, 봉건사회, 비방, 비판' 중에서 연결되어야 한다. 모든 문장에 걸쳐 '비판'이 있는 선택지는 'ㄱ' 뿐이다. 따라서 ④번 문장의 완성은 '

'ㄱ'을 통해 가능하다. 여기서 '실학, 근대, 봉건사회'는 대부분의 선택지에 걸쳐있기 때문에 정답의 기준에서 참조로 생각하면 된다. 세 번째 ⑧번 문장도 마찬가지다. 이전 문장인 ⑦번 문장과 주고받음 대상이 관계를 맺는다. 무엇보다 표지어 '그러나'를 통해 대립·대조를 이루는 내용이 정답의 기준이 될 것이다. 그렇다면 무엇을 대립하고 있나? 선택지 ㄴ, ㄷ을 보면 모두 '실학'과 '봉건사회'가 포함되어 있다. 그렇다면 서술어 부분을 뒤집는 내용을 찾으면 된다. 따라서 ⑧번 문장의 완성은 'ㄷ'을 통해 가능하다. 마지막으로 ⑩번 문장이다. 이는 이전 문장과 이후 문장 모두에서 주고받음 관계가 형성된다. '실학, 봉건사회, 근대 정신 등'이 모두 포함된 선택지가 답이 된다. 따라서 ⑩번 문장은 'ㄴ'이 적합하다. 정리해보면 이 사례의 완성은 'ㄹ-ㄱ-ㄷ-ㄴ' 순으로 연결된다. 그럼 단절되었던 내용을 넣어서 다시 읽어보자.

①실학을 과연 근대정신이라 부를 수 있는 것인가? ②현재와 동일한 생활 및 시대 형태를 가진 시대를 근대라 한다면, (실학은 결코 근대의 의식도 근대의 정신도 아니다). ③실학은 그 비판적인 입장에서 봉건사회의 본질을 해부하고, 노동하지 않는 계급을 비방하였을 뿐만 아니라, 신분 세습과 대토지 사유화를 비판/부인하였다. ④그러나 그 비판의 기조는 당우(唐虞)* 삼대 에 속하는 것이었으며, (비판의 입장도 역사적 한계를 넘어설 만큼 질적으로 다르지 않았다). ⑤이에 반해 서양의 문예부흥은 고대 희랍에서 확립 되었던 시민의 자유를 이상으로 하고, 또 강제/숙명/신비/ 인습 등의 봉건적 가치를 완전히 척결하였다. ⑥이것은

실학과 좋은 대조를 이룬다. ⑦실학은 봉건사회의 제 현상에 대한 회의와 반항이기는 하였다. ⑧그러나 (실학은 여전히 유교를 근저로 하는 봉건사회의 규범 안에서 생겨난 산물이었다). ⑨또 사실상 보수적 행동으로 이를 따랐던 것이다. ⑩다만 (실학은 이러한 정체된 봉건사회를 극복하고, '근대'라는 별개의 역사와의 접촉을 준비하는 한 시기의 사상이었다). ⑪실학은 근대 정신의 내재적인 태반(胎盤)의 역할을 담당하였던 것이다.

구조 문제 해결 프로세스

구조 문제는 우선 문장과 문장 사이에 표지어가 있는 경우 표지어를 방향성 개념에 맞춰 해석한다. 그리고 표지어가 없는 경우 주고받음 대상의 관계를 통해 방향성을 잡아나가면 된다. 이러한 구조 문제는 텍스트의 구조를 인지하는 데 효과적인 문제 유형이다. 하지만 출제 의도와는 달리 요령으로 문제를 풀어내다 보니 오늘날에는 볼 수 없는 유형이다. 아쉬운 점은 기존 문제에서는 텍스트의 방향성이 순류(→)와 더하기(+)밖에 없다는 것이다. 더불어 텍스트를 읽는 목적인 중심내용 파악과도 접목하지 못한 점이다. 만약 이 두 가지가 보완된다면 구조 문제는 수능 등 다양한 시험에서 귀환할 수 있을 것이다. 그럼 문제를 살펴보자.

사례 | ①역사는 어느 시대, 어떤 상황에 있어서도 삶과 동떨어진 가치란 존재하기 어렵다는 사실을 우리에게 일깨워 주고 있다. ②문학은 그 시대적 상황을 수렴한다. ③따라서, 작가는 현실에 대한 바른 안목으로 그 안에 용해되어 있는 삶의 모습들을 예술적으로 형상화하는 데 부단한 노력을 경주하여야 한다. ④현실적 상황이 제시하고 만들어 내는 여러 요소들을 깊이 있게 통찰하고, 이를 지지한 안목에서 분석하여 의미를 부여할 때, 문학은 그 존재 가치가 더욱 빛나는 것이다. ⑤그뿐만 아니라, 문학의 궁극적인 목적이 인간성을 구현하는데 있는 것이라면, 이를 효과적으로 드러낼 수 있는 현실의 가능성을 찾아내고, 거기에 사람의 옷을 입혀 살아 숨쉬게 하는 작업이 필요하다. ⑥그런 면에서, 문학은 삶을 새롭게 하고, 의미를 부여하며, 그 삶의 현실을 재창조하는 작업이라 할 수 있다. [SAT, 1997, 13]

13. 다음 글의 논리적 구조를 바르게 분석 한 것은?

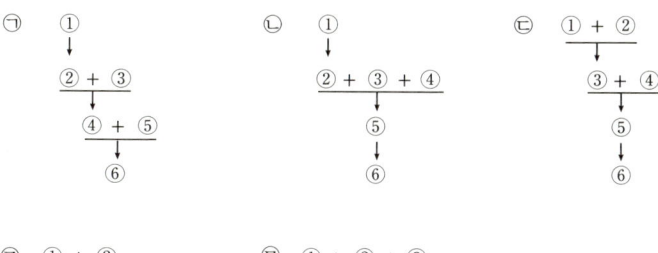

우선 문장과 문장 사이에 있는 표지어를 해석해 보면 '문장 ③은 1등급 문장의 순류(→), 문장 ⑤는 더하기(+), 문장 ⑥은 1등급 문장의 순류(→)'이다. 하지만 표지어가 없는 부분은 어떻게 방향을 결정해야 할까? 주고받음 대상의 관계를 통해 방향성을 잡으면 된다. 그런데 만약 두 문장 간에 주고받음 대상의 관계가 형성되지 않는다면 이는 더하기(+)이다. 둘이 합쳐져서 이후 문장과의 주고받음 관계를 이어가는 것이다. 구체적으로 문장 ⑤는 더하기(+)가 확실하다. 하지만 '문장 ①과 ②' 그리고 '문장 ③과 ④'는 표지어도 없고 주고받음 관계도 명확하지 않다. 이럴 경우 주고받음 대상을 묶으면 되는 것이다. 그리고 확인 차원에서 이 제시문의 결론인 ⑥번 문장의 주고받음 대상 경우의 수를 결정해 보면 '삶 새롭게', '의미 부여', '재창조'이다. 그럼 당연히 결론의 근거는 3개가 나와야 한다. 논리문법적으로 해석하면 문장 ⑥은 문장 ③④⑤와 주고받음 대상이 연결되는 것이다. 따라서 글의 방향성은 [①+②]→[③+④+⑤]→⑥으로 사고가 흐르고 화제 문장은 ⑥번 문장이 된다. 정답: ㉣

사례 | 다음 논증의 구조를 가장 잘 표현한 것은? (단, 기호 '↓'는 글쓴이가 위 진술을 바로 아래 진술을 주장하는 근거로 사용하고 있다는 것을 의미하며, 기호 '+'는 앞뒤의 진술들이 합쳐짐으로써 그 진술들이 지지하는 진술에 대한 근거를 구성한다는 것을 의미한다.)

①인구는 제한되지 않으면, 기하급수적으로 증가한다. ②식량은 기

껏해야 산술급수적으로 증가한다. ③인구의 증가율과 식량의 증산율의 차이를 피할 수 없다. ④사람이 사는 데 식량이 필요하다는 것은 자연의 법칙이다. ⑤따라서 우리는 어떻게 해서든지 인구의 증가율과 식량의 증산율을 같게 해야 한다. ⑥결과적으로 인구는 식량 부족 때문에 지속적으로 강력하게 제한될 수밖에 없다.⑦인구가 제한될 수밖에 없다면 이것은 대부분의 사람들에게 심각한 위협이 될 수밖에 없다. ⑧많은 사람들에게 심각한 위협이 있는 사회는 모든 구성원이 편안하고 행복하게 사는 완전한 사회가 아니다.⑨그러므로 모든 구성원이 편안하고 행복하게 사는 완전한 사회란 있을 수 없다. [LEET, 추리논증, 2009, 18]

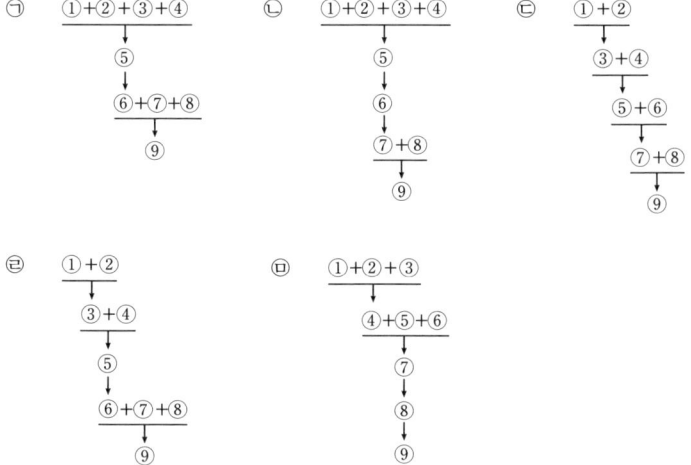

이 사례 역시 문장과 문장 사이에 표지어가 있는 부분과 없는 부분으로 구성되어 있다. 우선 표지어가 없는 ①~④번 문장을 살펴보자.

①②번 문장은 두 가지 관점으로 볼 수 있다. '**인구**'와 '**식량**'의 관점으로 보면 더하기(+)로 '**기하급수적으로 증가한다**'와 '**산술급수적으로 증가한다**'로 보면 대립·대조(↔) 관계로 볼 수 있다. 하지만 ③번 문장을 보면 더하기 구조가 더 적합하다. 문장 ①②가 합쳐져 ③번 문장을 만들고 있기 때문이다. 그렇다면 ③④번 문장의 방향성은 어떻게 될까? '**인구**'와 '**식량**'을 주고받음 대상으로 해서 '**자연의 법칙**'을 언급하고 있다. 하지만 이는 '**자연의 법칙≒피할 수 없다**'와 같은 의미이다. 따라서 다른 표현 유사 의미로 동등·유사 관계이다. 왜냐하면 논리적으로 '**③ 인구의 증가율과 식량의 증산율의 차이를 피할 수 없다. ⑤따라서 우리는 어떻게 해서든지 인구의 증가율과 식량의 증산율을 같게 해야 한다.**'도 문제가 없고, '**④사람이 사는 데 식량이 필요하다는 것은 자연의 법칙이다. ⑤따라서 우리는 어떻게 해서든지 인구의 증가율과 식량의 증산율을 같게 해야 한다.**'도 문제가 없기 때문이다. 결국, ③④⑤번 문장의 방향성은 ③≒④→⑤이 된다. 그리고 ⑥번 문장은 ⑤번 문장의 '**인구**'와 '**식량**'을 주고받음 대상으로 해서 '**제한될 수밖에 없다**'를 언급하고 있다. 다시 ⑦번 문장은 ⑥번 문장의 '**제한될 수밖에 없다**'를 주고받음 대상으로 '**위협**'으로, ⑧번 문장은 ⑦번 문장의 '**위협**'을 주고받음 대상으로 '**모든 구성원이 편안하고 행복하게 사는 완전한 사회**'를 언급하고 있다. 다시 말해 ⑦번 문장은 ⑥번 문장하고만, ⑧번 문장은 ⑦번 문장하고만, ⑨번 문장은 ⑧번 문장하고만 형식적으로 연결되어 있다. 따라서 방향성은 선택지와 달리 논리문법 관점에서 다음과 같이 ①+②→③≒④→⑤→⑥→⑦→⑧→⑨로 정리할 수 있다. 출제기관에

서는 ㉣을 정답으로 하고 있다. 하지만 저자가 판단하기에 선택지의 ㉣이 정답이기 위해서는 ⑨번 문장은 ⑧번 문장뿐만 아니라 ⑥⑦번 문장고도 주고받음 대상 즉 수직적 연결 고리가 있어야 한다. 그래야 더 객관적인 정답이 될 수 있다.

우리가 일상 속에서 체험하는 크고 작은 도시를 가만히 들여다보면 도로와 공원 등 인프라스트럭처infrastructure와 개별 건축물들이 조화를 이루고 있다. 흥미로운 것은 나라마다 건물의 특징은 다르더라도 도시의 기반시설은 비슷한 구조로 되어 있다는 것이다. 또한 근대 이후부터는 도시를 만들어가는 순서도 비슷하다. 인프라를 먼저 구축한 후 건물을 만들어 간다. 같은 맥락에서 생각해 보면 글 읽기에서도 구조적 코드 즉, '논리문법'적 사고를 능숙하게 처리할 수 있다면 배경지식이 없는 내용이더라도 좀 더 수월하게 글을 읽어 내려갈 수 있지 않을까 생각해 본다. 이러한 관점에서 배경지식을 쌓는 글읽기는 평생 끊임없이 해야 하는 행위이고, 구조적 글읽기는 앞서 익히고 훈련해야 하는 공부의 방향이다. 더불어 우리에게 익숙한 '분류, 구분, 비교, 대조, 유추, 비유, 과정, 인과, 논증 등' 글의 전개 방식 또한 논리문법적 접근이 가능하다. 따라서 논리문법을 중심으로 전개 방식 등 다양한 독서 방법도 병행하며 여러분에게 가장 적합한 텍스트 원리를 구축하기 바랍니다.

세상의 문제를 해결하기 위해서는 우선 그 문제의
어려움은 텍스트의 본질이 무엇이라고 생각하십니
극복하기 위해서는 어떻게 해야 할까요? 이러한 질
쉽게 설명한 방법으로 사자성어 지피지기(知彼知己
여기서 지피 즉 알아야 하는 대상을 텍스트 이고,
이성적 사고를 의미한다. 그럼 이 둘의 관계를 글
텍스트를 읽음과 동시에 자동으로 해결지식의 유

논리력, 평가력, 집중력 그리고 기억력

인간의 능력과 텍스트의 관계

1

텍스트와
인간의 능력은 밀접하다

이 책을 마무리하면서 흥미로운 일화 하나를 소개해 드리겠습니다. 이름하여 '페르마의 마지막 정리'입니다.

「페르마의 정리는 17세기 프랑스의 수학자 피에르 드 페르마가 만들어 낸 방정식으로 "$x^n+y^n=z^n$": n이 3 이상의 정수일 때, 이 방정식을 만족하는 정수해 x, y, z는 존재하지 않는다. 나는 경이적인 방법으로 이 정리를 증명했다. 그러나 이 책의 여백이 너무 좁아 여기 옮기지는 않겠다…" 피에르 드 페르마가 남긴 이 한마디에, 지난 350여 년간 수학자들은 여지없이 짓밟힌 자존심을 추스르며 혹독한 시련을 겪어야만 했다.

페르마의 마지막 정리는 언뜻 보기에 초등학생도 풀 수 있을 정도로 간단해 보이는지만, 당대 최고의 석학들도 이 정리 앞에서는 꼼짝 없이 무릎을 꿇어야 했던, 수학 역사상 수수께끼였고 난제였다. 그동안 수많은 사람들이 이 정리를 증명하기 위해 일생을 바쳐왔지만, 끝내 빗장은 열리지 않는 듯했다.

그러나 영국의 수학자 앤드루 와일즈가 페르마의 마지막 정리를 증명하는데 성공, 1997년, 마침내 볼프스켈 상을 수상하면서 수학사는 새로운 장을 열게 되었다. 소년 시절 도서관에서 이 정리와 처음 접하던 순간, 그것을 증명하는 데 일생을 걸기로 맹세했던 그는, 수많은 사람들의 무성한 실패담 속에서도 결코 포기하지 않고 7년이라는 세월을 홀로 견뎠다. 마침내 그의 꿈은 40대에 실현되었다.」 Fermat's last theorem사이먼 싱 저

감동적인 내용이다. 그런데 주변을 보면 페르마의 정리 못지않게 오랜 시간 동안 풀리지 않은 문제들이 많다. 여러분은 어떤 문제가 풀리지 않으시나요? 취업? 승진? 주식? 영어? 노후? 저자는 그 어떤 것보다도 텍스트가 풀리지 않았었습니다. 인류가 발명한 문자언어 그리고 그 문자로 축적한 수많은 지식. 우리는 그동안 이 지식에만 집중하고 있지 않았나 하는 생각을 하게 되었습니다. 다들 문제없이 잘 읽고 잘 쓴다고 생각하는 텍스트, 우리는 정말 이 텍스트의 본질을 이해하고 있었던 것일까요? 여러분은 공부하는 과정에서 텍스트 자체가 문제라고 생각해본 적이 있으신가요? 더 나아가 텍스트를 그저 놀이방 선생님을 통해 표음문자로서 읽고 받아쓰면 다 터득한 것으로만 생각하진 않았나요? 그렇다면 여러분은 텍스트를 너무 만만하게 본 겁니다.

인문, 사회, 정치, 예술 등 많은 학문의 시작점은 통상 그리스 시대를 전후로 거슬러 올라간다. 지금도 여전히 소크라테스, 플라톤, 아리

스토텔레스와 공자, 맹자, 순자 등 관련 고전을 읽고 있다. 일반적으로 문자의 기원은 문명마다 그 시점이 다르다. 그래서 시간적 범위를 확 좁혀서 플라톤 이후 현대까지 2,500여 년의 시간, 여러분은 이렇게 오랜 시간 동안 문제없이 사용하고 있는 텍스트에 코드가 있다는 생각을 해본 적이 있으신가요? 여기서 텍스트 코드는 한글의 코드가 아닙니다. 라틴어 또는 영어의 코드도 아닙니다. 국어가 아니라 언어 차원으로 적용할 수 있는 이성적 사고의 코드를 의미합니다. 저자는 바로 이러한 고민을 시작으로 텍스트 코드에 대해 앤드루 와일즈처럼 인생의 과제까지는 아니더라도 문제였고 고민이었고 궁금했었습니다. 정말 답이 없는 것인지? 불가능한 것인지 말입니다.

기술과 문명이 발전하면서 인간이 생각을 표현하는 방법이 다양해졌음에도 불구하고 왜 우리는 이천 년 넘게 교육의 주된 방법으로 텍스트를 활용하고 있는 것일까요? 텍스트와 인간이 필요로 하는 능력과는 무슨 상관관계가 있는 것일까요? 영화를 많이 봄으로써 창의력이 발달할 수도 있고, 그림을 감상함으로써 집중력이 향상될 수도 있습니다. 그런데도 왜 하필 텍스트일까요? 그 이유는 텍스트를 통해 우리가 필요로 하는 많은 능력을 보다 경제적이고 효율적으로 향상시킬 수 있기 때문입니다.

우리는 인생을 살아가면서 집중, 이해력, 기억력, 논리력, 판단력, 응용력 등 많은 능력이 필요합니다. 그리고 이러한 능력을 갖추기 위해 끊임없는 노력을 하며 인생이라는 시간을 채워갑니다. 안타까운 것은 갖추고 싶은 능력은 많은데 자신의 것으로 만들기는 여전히 어렵다는 것입니다. 하지만 불가능한 것은 아닙니다. 텍스트의 본질과 능력과의 관계를 이해하면 분명 이전과는 달라질 것입니다. 이 둘의 상관관계는 무엇보다 '연결'과 밀접합니다. 왜 그럴까요? 이러한 능력과 연결과의 관계를 구체적으로 설명하겠습니다.

집중력

여러분은 언제 몰입을 경험하나요? 누구나 무엇인가에 몰입했던 경험이 있을 것이다. 재미있어서 흥미로워서 사람마다 집중하게 되는 동기는 다르다. 하지만 이 역시 공통점이 있다. 집중력의 핵심은 바로 연결이다. 사고가 끊임없이 연결될 때 몰입의 상태에 빠지는 경험을 할 수 있다. 그래서 몰입하기 위해서는 계속 연결해야 한다.

이해력

우리는 흔히 이해해야 집중할 수 있다고 생각한다. 그런데 이는 생산적 활동과는 거리가 멀다. 중요한 것은 몰입을 통해서 이해를 끌어내야 한다. 예를 들어 역사적으로 업적을 남긴 인물들은 풀리지 않는 문제에 집중하고 몰입함으로써 이해를 경험하곤 했다. 그리고 그 이해한 내용을 텍스트로 정리함으로써 새로운 지식을 추가했고 세상을 바꾸는 데 일조했다. 따라서 연결지을 수 있으면 이해는 수월해진다.

기억력

기억을 가장 오랫동안 지속하는 방법은 바로 체험이다. 그러나 글 읽기는 관념적인 활동이다 보니 일상적 체험으로 변환하기에는 한계가 있다. 다른 방법으로는 반복이 있다. 같은 시간에 반복 횟수를 늘리면 기억의 강도와 시간은 길어진다. 이러한 반복을 위한 방법이 주고받음 개념이다. 그리고 이러한 주고받음 대상들을 반복적으로 연결하다 보면 기억은 오랫동안 유지할 수 있다.

    표면적으로 몰입과 이해 그리고 기억은 인과관계 또는 순서관계가 있다. 집중하면 이해할 수 있고 이해하면 기억하기 쉬운 것처럼 말이다. 하지만 이러한 인과관계보다 중요한 것은 이 능력들의 공통적 속성이 '연결'이라는 것이다. 따라서 연결되지 않으면 몰입하기 어렵고 이해하기 어렵고 기억 또한 오래가지 못 한다.

논리력

논리력 하면 누가 떠오르나? 수학자? 철학자? 과학자? 우선 논리와 가장 밀접한 학문은 철학이다. 그리고 철학자들의 논리는 바로 언어적 논리로 완성되고 결정된다. 다시 말해 철학자들은 말이나 텍스트를 통해서 자기 생각을 논리적으로 표현한다. 구어체보다는 문어체가 더 어려우니 결국 텍스트를 완성하는 것이 논리의 핵심이라고 봐도 무방할 듯하다.

"수학과 기하학을 모르는 자는 이곳에 들어오지 마라." 플라톤 아카데미 입구에 쓰여있던 문구라고 한다. 여기서 고대 철학자들은 왜 수학을 중요하게 생각하였을까? 아마도 논리력을 키우는 방법으로 가장 효과적이라고 생각했기 때문일 것이다. 그런데 과연 그럴까? 일례로 수학을 잘한다고 모두가 말을 잘하고 텍스트를 논리적으로 잘 다루는 것은 아니며, 수학을 못 하는 사람 중에서도 논리력이 뛰어난 사람들이 많다. 이는 수학과 언어 논리의 관계가 개연성은 있지만 필연적이지는 않다는 것을 의미한다. 그럼 왜 수학이 논리적인 학문일까? 증명의 고리를 자세히 살펴보면 짐작할 수 있다. 앞뒤가 모두 연결되어 있어야 하기 때문이다.

중요한 것은 언어의 관점에서 논리력을 키우는 절대 강자가 수학이 아니라는 것이다. 물론, 수학이 중요한 학문임을 부정하는 것은 아니다. 그렇다면 어려운 수학보다 차라리 논리의 본질을 이해하는 것이 더 효과적이지 않을까? 따라서 언어적 차원의 논리력은 논리문법적 사고를 통해서 더 효과적으로 발달시킬 수 있다. 무엇보다 직업이 아닌 이상 수학적 지식은 그 자체로 활용하고 사용할 일이 많지 않다. 반면 텍스트는 직장에서 일상생활에서 지속적이고 반복적으로 사용한다. 심지어 죽기 직전까지도 활용한다.

평가력과 판단력

간혹 글을 읽다 쉬운 주제임에도 불구하고 내용의 논리적 관계 파악이 잘 안 되는 경우가 있다. 이런 경우 독자는 우선 자신의 독서·독해 능력을 의심하곤 한다. 하지만 내 능력을 의심하기 전에 글쓴이의 필력을 우선 평가할 수 있어야 한다. 어떻게 하면 될까? 논리문법을 적용해보고 문장과 문장의 주고받음 관계가 매끄럽게 연결되지 않을 경우 글쓴이의 자질을 의심해도 된다. 글쓴이의 생각을 따라가는 것이 아니라 보편적인 인간의 사고 메커니즘을 따라 텍스트를 읽을 수 있어야 평가할 수 있다. 글쓴이의 생각에 의존하다 보면 평가보다 공감만 하게 된다.

일반적으로 고전이나 시험 제시문은 논리적으로 완성도가 높다. 오랜 시간 동안 심혈을 기울여 다듬고 다듬은 글이기 때문이다. 반면 서점에 꽂혀 있는 많은 책은 글쓴이의 능력과 노력의 정도에 따서 그 완성도는 천차만별이다. 따라서 논리적인 글을 잘 읽는 것도 중요하지만, 논리적이지 않은 글을 알아보는 능력도 중요하다. 세상에는 이미 너무 많은 정보가 존재하고 이런 상황에서 이제는 잘못된 정보로 인한 실이, 유익한 정보로 인한 득보다 더 치명적이기 때문이다. 이러한 정보의 홍수와 불균형 속에서 논리문법은 텍스트를 평가할 수 있는 기준이 될 수 있을 것이다.

한편 다른 사람의 텍스트를 평가하는 것도 중요하지만, 내가 쓴 글을 내가 객관적으로 평가하는 능력도 중요하다. 간혹 "내가 쓴 글을 남들이 잘 이해하지 못한다."라고 말하는 사람들이 있다. 무엇이 문제일까? 한 문장 단위의 이슈가 아니다. 핵심은 내가 쓴 문장과 문장 단위를 내가 객관적으로 읽을 수 있어야 한다. 객관적으로 읽을 수 있어야 평가할 수 있고 다시 그 내용을 퇴고할 수 있다. 결국 필자인 동시에 독자가 되어 자신의 텍스트를 평가하고 논리적으로 연결해야 다른 사람들도 내 생각을 이해할 수 있는 것이다.

응용력과 창의력

모든 훈련은 실전을 전제로 해야 한다. 학창시절의 실전은 패턴과 유형이 있는 시험이겠지만 100세 시대 나머지 인생의 80%는 이렇다 할 패턴이 없다. 진정한 원리는 시험은 기본이고 나머지 80% 인생에도 적용하고 응용할 수 있어야 한다.

요즘 교육에서 뜨거운 감자가 중 하나가 '선행학습'이다. 물론 좋은 선생님을 통한 적절한 선행학습은 여로모로 도움이 된다. 하지만 지나치게 의존하는 선행학습은 응용력을 오히려 퇴화시킨다. 응용력은 익숙한 것이 아니라 새로운 것을 대면하는 과정에서 발달한다. 결국 다른 사람보다 앞서가려고만 하는 생각에 응용력과 창의력을 발달 시켜야 할 교육이 기억력의 이슈로 가고 있는 것이다.

하지만 인생의 실전에서는 모든 일을 선행할 수 없다. 처음 접하는 일을 필연적으로 맞이하게 된다. 무엇보다 선행할 수 있다는 것은 이미 존재하는 것이고 검증된 것이고 누군가가 하고 있다는 것이다. 이러한 지식은 누구나 다 알 거나 알게 될 것이다. 시간의 문제일 뿐이다. 따라서 일찍 알게 되었다고 자만할 것도 아니고 늦게 알게 되었다고 주눅이 들 필요도 없다. 반면 사고하는 노력은 다소 더디고 힘겹지만, 기존의 내용을 암기하는 것과는 다르다. 그렇다면 응용력과 창의력의 핵심이 무엇일까? 세상의 많은 것들 역시 앞뒤 관계를 잘 연결하다 보면 답이 나오는 경우가 많다. 다른 사람의 말을 그저 옮기는 사람과 자신의 언어를 말하는 사람은 잠재력이 다르다. 어디서 본 것이 아닌, 자신의 언어를 만들 수 있고 그런 사람을 알아보는 것이 우리에게 필요한 능력이다.

2
텍스트는 비전이다

 일반적으로 우리가 지식을 습득하는 과정은 선생님을 통해 배경지식을 튼튼히 쌓은 다음 관련된 책을 읽으며 다시 확인하는 방법이다. 옳은 방법이다. 초·중·고등교육 과정은 어쩔 수 없이 선생님을 통해서 배우는 과정이 필요하다. 공부도 밑천이 있어야 하기 때문이다. 하지만 고등교육 이후부터는 달라져야 한다.

 중세 시대 교황 설교, 수많은 학원 강의, 일방향 대학 강의 이 셋의 공통점은 모두 열심히 듣고 있는 것이다. 중세 시대에는 성경이 보급되지 않아서 교황이 독자적으로 해석한 내용을 듣기만 했다. 성경이 보급되지 않았기 때문에 어쩔 수 없었다고 생각한다. 그러나 15세기 구텐베르크가 인쇄기를 발명한 후 소수 성직자의 성경 독점이 무너지고 동시에 많은 책이 보급되었다. 아이러니한 것은 책은 널리 보급되었지만 글읽는 원리는 여전히 보급되지 않은 듯하다. 현대로 와서도 여전히 열심히 듣고 있는 학원수업과 대학강의 모습을 보니 말이다.

계속 들어서만 정보를 얻는 사람과, 듣는 것과 더불어 자생적으로도 지식을 축적할 수 있는 사람은 잠재력이 다르다. 무엇보다 익숙한 내용만 찾아서 읽는 편독은 자생적 공부와는 거리가 멀다. 물론 이 방식도 배경지식을 늘리는데 플러스가 되겠지만, 이는 생산형 독서가 아니라 알고 있는 내용을 재확인하는 소비형 글 읽기라 할 수 있다. 인류가 발전하면서 축적된 지식의 양은 이미 무한대이기 때문이다.

지식의 소비와 생산

소비 즉, 투입^{input}과 생산^{output}의 관계는 시대별로 다르다. 일례로 중농주의 시대에는 토지의 질이 생산을 결정하는 가장 중요한 기준이었다. 인간이 아무리 노력해도 토질이 나쁘면 수확량을 늘리는 데는 한계가 있었기 때문이다. 누가 경작하든 생산량은 결정되어 있다고 생각했다. 하지만 산업혁명 이후에는 재료와 노동력을 투입하는 대로 생산량이 비례해서 결정되었다. 말 그대로 뿌린 대로 거두게 되는 시대가 된 것이다. 그렇다면 정보·지식 사회에서는 이 둘의 관계를 어떻게 규정할 수 있을까? 지식을 생산하기 위해서는 지식을 투입해야 한다고 생각하는 것이 일반적이다. 그런데 어쩌면 지식의 소비와 생산은 인과적 관계가 아니라 다른 메커니즘이 작동할지도 모른다.

더 많은 사람이 아는 내용을 확인하는 독서가 아니라 기존의 지식을 보완하고 새로운 지식을 추가할 수 있는 생산적인 글 읽기와 글쓰기로 전환할 필요가 있다. 배경지식이 있는 글은 물론이고 배경지식이 없는 즉, 누군가가 가르쳐 주지 못한 지식도 스스로 습득할 수 있어야 한다. 이것이 자생적이고 생산적인 공부이다. 공부의 목적은 결과를 얻는 것과 더불어 새로운 것을 만들 수 있는 능력을 키우는 과정이어야 한다. 이미 검증된 지식을 암기하는 공부가 최우선이 되어서는 안 된다.

문제는 콘텐츠다

우리는 위대한 인물을 묘사할 때 100년 또는 1,000년에 한 번 나올법한 천재라는 표현을 한다. 하지만 시대별로 장소별로 천재는 항상 있었고 현재도 많이 있다. 다만 고민하고 몰입함으로써 능력을 발휘할 수 있는 천재가 드물 뿐이다. 시대별로 사회가 선호하는 능력은 변한다. 사서삼경을 달달 외워야 하는 기억력이 중요한 시대가 있었다. 하지만 현대 사회는 다양한 지식과 정보를 쉽게 확인할 수 있는 시대다. 앞으로는 더 많은 정보를 더 쉽고 빠르게 확인할 수 있을 것이다. 진화론적으로 인간이 기억하려고 했던 이유는 확인하기 어려워서가 아니었나 하는 생각해 본다. 나이가 들수록 기억력만큼 불안한 것은 없다. 이처럼 사회가 변하면서 천재성의 의미도 변화하고 있다. 그것도 소수에서 다수를 향해서 말이다. 처음부터 모든 것은 갖추고 타고날 수는 없다. 하지만 후천적으로 핵심적인 능력을 갖출 수는 있다. 바로 사고력과 텍스트를 다루는 능력이다. 이제는 암기는 최소화하고 확인하자. 그리고 남는 에너지로 텍스트를 읽고 쓰며 생각에 집중해보자. 그러다 보면 기억하고 싶지 않아도 많은 것들이 떠오를 것이다.

당신은 보통사람입니까? 그것도 고민과 문제가 많은 보통사람입니까? 문제와 고민거리는 콘텐츠다!!! 역설적으로 현재 많은 문제점을 갖고 있다면 그만큼 많은 과정을 담을 수 있는 잠재력이 있다는 것이다. 그 문제를 극복하려고 노력하고, 극복하는 과정을 기록하고 정리해 보십시오. 그것은 분명 누군가를 위한 콘텐츠가 될 것이다. 과정을 가보지 않은 사람은 결과는 말할 수 있을지언정 그 과정을 상세하게 묘사하지 못한다. 현재 내 문제와 고민을 지속적으로 생각하고 그 실체를 표현해 보자. 그림이든 텍스트든 상관없다. 만약 텍스트로 표현한다면 문장보다는 명제로 정리해보자. 처음에는 거짓 명제가 되더라도 고민하고 답을 찾으려고 노력하다 보면 참 명제를 찾을 수 있을 것이다. 중요한 것은 다른 사람의 참 명제를 많이 알고 있는 것보다 자신의 거짓 명제 하나를 만드는 것이 더 가치 있는 시작이다. 그리고 그 명제들의 연결 고리를 찾아 하나의 텍스트로 만들면 내 콘텐츠가 되는 것이다. 이러한 과정을 통해서 사고가 깊어지고 다듬어지는 것이다. 이제 남의 지식을 소비하지만 말고 자신의 지식도 생산할 수 있어야 한다.

고민을 기록하고 정리하는 방법은 종이나 한글 워드만 있는 것이 아니다. 다양한 프로그램과 디바이스를 선택하는 것만으로도 메모의 효율을 높일 수 있다. 핵심은 다양한 접근성을 기반으로 순간순간의 생각을 놓치지 않는 것이다. 그리고 생각은 단어보다는 한 문장 단위로 정리하고, 한 문장이 여러 개 모이면 논리문법적 사고를 통해서 문장과 문장을 연결하는 것이다. 설령 오타가 있어도 띄어쓰기가 틀려도 된다. 이는 확인하고 조정하면 되기 때문이다. 글쓰기를 꼭 대문호들처럼 해야 하는 것은 아니다. 좀 더뎌도 되고, 여러 번 반복해도 된다. 머릿속에 떠오르는 생각을 한 번에 정리할 수 있으면 좋겠지만, 꼭 그래야 하는 것은 아니다. 빨리 써야 한다는 강박관념 즉, 속도에 스트레스 받을 필요가 없다. 좋은 내용을 텍스트에 정확히 담기 위해서는 절대 시간이 필요하기 때문이다. 문제는 절대 시간을 들여서도 발전하지 못하는 상황이다. 이것은 정말 문제이다. 마르크스는 자본론을 10여 년 동안 썼다고 한다. 애덤 스미스의 국부론도 12년에 걸쳐 완성되었다고 한다. 고전은 논술 시험처럼 날로 써지지 않는다.

다섯 번째 사과

서양에서 사과는 과일 이상의 의미가 있다. 세상을 바꾼 사건과 생각의 발단에 사과가 주인공으로 등장한 경우가 많기 때문이다. 이러한 사과에 대해 프랑스 미술평론가 모리스 드니$^{Maurice\ Denis}$는 역사를 바꾼 3대 사과로 인류의 시작을 알리는 아담과 이브의 사과, 만유인력의 법칙을 발견한 뉴턴의 사과, 사물을 바라보는 관점을 바꾼 폴 세잔의 정물화 속 사과를 꼽았다고 한다. 최근에는 이러한 모리스 드니의 발언을 확대해서 스티브 잡스가 컴퓨터 과학의 아버지라 불리는 앨런 튜링을 추모하며 로고로 만든 한 입 베어 문 사과를 네 번째 사과라고 칭하기도 한다.

딴 사과, 떨어지는 사과, 떨어진 사과 그리고 추모한 사과. 그런데 여기까지는 만들어진 사과이고 우리에게 더 중요한 것은 앞으로 만들어질 사과다. 이러한 생각을 하며 번뜩였던 생각! 대한민국 국민이라며 말 트임과 동시에 누구나 다 아는 노래, "원숭이 엉덩이는 빨개 빨가면 사과 사과는 맛있어…?" 저자는 이 동요에서 '다섯번째사과'의 힌트를 찾았습니다. 바로 수직적 연결의 코드, 텍스트 메커니즘입니다.

세상을 바꾼 네 개의 사과 그리고 앞으로 세상을 바꿀 '다섯번째사과'. 그 사과는 만들어진 사과가 아니라 텍스트를 극복한 여러분이 만들어갈 사과입니다. 모든 사람이 품고 있는 무한한 생각을 논리적으로 꺼낼 수 있다면, 아직 빛을 보지 못한 창조적인 생각들이 텍스트를 통해 세상에 드러나게 된다면 세상은 또 한 번 바뀌지 않을까요? 세상을 바꿀 70억 개의 사과. 그 사과의 주인공은 바로 당신입니다.

내가 읽는 텍스트는 완벽하지 않다.
하지만 내가 이해하고 있는 이성적·논리적 사고체계는 완벽하다.

- TM -

읽기와 쓰기는
반복을 통해 완성된다

한 문장 속 & 문장과 문장 사이

1
'한 문장 단위' 연결

글을 읽고 쓰는 데 있어 학교문법은 객관적인 의사소통을 가능하게 하는 지표이다. 그 대표적인 것이 부사를 중심으로 한 연결어미, 접속어 등 논리적 관계를 설정하는 표지어이다. 무엇보다 표지어는 논리적 흐름이 있기 때문에 현재 문장을 기준으로 이전·이후 문장까지 연관 지어 생각할 수 있다.

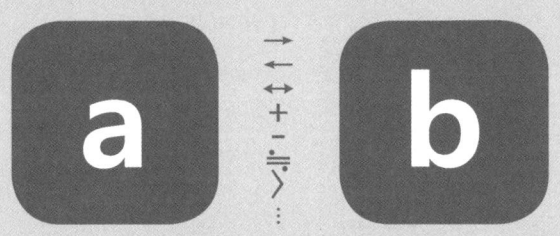

a, b는 단어, 구, 안긴문장을 의미함

한 문장 단위 사례를 읽고 생각해야 하는 내용을 정리해보면 우선 표지어를 기준으로 수평적 연결 지점을 확인한 다음, 이 문장에서 주고받음 대상 경우의 수(a, b)를 결정한다. 그리고 나서 여러분이 직접 주고받음 대상을 결정한 후, 문장과 문장 단위로까지 사고를 확장해 보는 순서로 훈련하면 된다. 따라서 표지어를 한 문장을 완성하는 차원과 더불어 문장과 문장 단위까지 사고를 확장하는 기준으로 이해하는 것이 필요하다. 그럼 한 문장 속 표지어를 기준으로 순류, 역류, 대립·대조, 더하기 등 방향성을 단계별로 살펴보자.

한 문장 속 「순류」

한 문장 단위에서 순류(a→b)를 나타내는 표지어는 사고의 흐름이 a에서 b로 흐른다. 그리고 이 a와 b는 이후 문장을 연결하는 고리가 될 수 있다. 다시 말해 이후 문장에서는 a나 b 하나를 넘겨받을 수도 있고 a, b 모두를 넘겨받을 수도 있다. 다만, 확장형 사고의 글이라면 이후 문장에서는 b를 받을 가능성이 높다. 다음 사례를 읽어보자.

사례 | ①일찍이 경제학자 클라크는 산업을 자연으로부터 원료를 채취하거나 생산하는가, 그 원료를 가공하는가, 가공된 원료를 유통하는가에 따라 1차, 2차, 3차 산업으로 분류했다. [SAT, 2007, 24~27, 가]

이 사례는 표지어 'a에 따라 b'가 문장의 허리이다. 이 표지어를 기준으로 주고받음 대상 경우의 수를 뽑아 보면 '클라크, 생산·가공·유통 → 1차·2차·3차 산업, 분류 등'이 잡힌다. 참고로 이 한 문장을 읽고 주고받음 대상의 경우의 수를 뽑아내는 방법은 다양하다. 그리고 읽는 사람에 따라 그 범위와 결과도 다를 수 있다. 예를 들어 어떤 사람은 '원료를 채취하거나 생산'으로, 어떤 사람은 '채취나 생산'으로 경우의 수를 결정할 수 있다. 하지만 이는 본인만 알아보면 된다. 다만 기억하기 수월하도록 최대한 간략하게 뽑아내면 된다. 그럼 주고받음 대상 경우의 수를 결정했으니 이후 문장으로까지 사고를 확장해 보자. 여러분이라면 이 한 문장에서 무엇을 주고받음 대상으로 이후 문장을 이어 가겠습니까?

 첫 번째로 주어인 '클라크'이다. 클라크의 업적 등을 중심으로 문장과 문장을 이어갈 수 있을 듯하다. 두 번째로 '채취, 생산·가공·유통'이다. 세 번째로 '1·2·3차 산업'이다. 네 번째 '산업의 분류'이다. 이렇게 한 문장을 읽고 나서는 이후 문장으로의 다양한 확장 가능성을 열어두어야 한다. 그리고 주고받음 개념을 생각하며 문장과 문장을 연결해 나가면 된다. 저자는 '1, 2, 3차 산업'을 주고받음 대상으로 이후 문장으로 사고를 확장해 보겠다. ②통상적으로 선진국의 경우 3차 산업에, 개발도상국의 경우 2차 산업에, 후진국의 경우 1차 산업에 집중하고 있는 경향이 있다. 그렇다면 원문에서는 어떻게 연결되었을까? ②그러나 이 방식으로는 설명할 수 없는 산업이 생겨나고 있다. 원문에서는 '분류 방식'을 주고받음 대상으로 ①번 문장과 연결하고 있다. 사례 하나를 더 살펴보자.

사례 | ②지중해 연안은 한때 고대 그리스와 로마 문명을 비롯해서 여러 문명이 발생했다 사라진 곳인데 오늘날의 모습을 보면 과연 이곳이 당시 최고의 문명을 자랑했던 곳이었는지 의심스럽다. [SAT, 1994-2. 52~54. 개]

이 사례는 표지어 'a를 비롯하여 b'와 'b인데 c'를 통해 한 문장이 논리적으로 연결되어 있다. 여기서 '~를 비롯하여'의 사전적 의미는 '여럿 가운데서 처음으로 삼다 (늑~부터 시작해서)'를 뜻한다. 즉, 사고의 흐름이 a에서 b로 흐른다. 이 표지어를 기준으로 주고받음 대상 경우의 수를 뽑아 보면 '지중해 연안, 그리스+로마 문명 → 여러 문명, 최고의 문명' 등이 잡힌다. 그럼 주고받음 대상 경우의 수를 결정했으니 이후 문장으로까지 사고를 확장해 보자. 여러분이라면 이 중에서 무엇을 주고받음 대상으로 해서 사고를 이어가시겠습니까? 원문을 살펴보자. ③그 중에 에페소스는 로마가 거대한 제국을 건설했던 시기에 번성했던 유명한 해양 도시였다. 원문에서는 '여러 문명'을 주고받음 대상으로 두 문장을 연결하고 있다.

한 문장 단위에서 순류(→)를 나타내는 표지어로는 '~에 따라, ~하여, ~를 통하여, ~에 의해서, ~면, ~를 바탕으로, ~기 때문에, 때(경우), ~한 다음, ~로써, ~ㄹ수록, ~ㄹ 토대로, ~으므로* 등'이 있다.

---

* 'a에 따라 b'는 어떤 상황이나 기준(a)에 기댐을 나타내는 표현이고, 'a를 비롯하여 b'는 여럿 가운데서 처음(a)으로 삼다를 의미하는 표지어이다. 유사 표지어로는 'a부터 시작해서 b'가 있다. 'a를 통하여 b'는 그것(a)을 수단으로 하여, 어떤 과정이나 경험을 거쳐를 나타

우리는 초등교육 과정에서부터 어법을 자연스럽게 익히고 그 결과 표지어도 어려움 없이 활용하고 있다. 하지만 이러한 표지어를 올바르게 사용하고 있을까? 이 장에서는 이성적 사고와 관련된 표지어들의 의미와 역할에 대해 초심으로 돌아가 점검하고자 한다. 다만 모든 표지어에 대한 사례를 언급하지는 않고 표지어의 사전적·논리적 의미 까지만 각주에 정리하고 있다.

낸다. 'a면² b'는 불확실하거나 아직 이루어지지 않은 사실을 가정(a)하여 말할 때 쓰는 연결 어미, 일반적으로 분명한 사실을 어떤 일에 대한 조건(a)으로 말할 때 쓰는 연결 어미^(이하 생략)이다. 'a 결국 b'는 일의 마무리에 이르러서, 또는 일의 결과(b)가 그렇게 돌아가게의 의미를 나타내고, 'a를 바탕으로 b'는 물체의 뼈대나 틀을 이루는 부분(a)으로, 사물이나 현상의 근본을 이루는 기초(a)로, 타고난 성질이나 재질 또는 체질(a)로의 의미를 갖고 있다. 'a기 때문에 b'는 어떤 일의 원인(a)이나 까닭을, 'a한 다음 b'는 어떤 차례의 바로 뒤(b), 이번 차례의 바로 뒤(b), 어떤 일이나 과정이 끝난 뒤(b), 어떤 시일이나 시간이 지난 뒤(b) 등의 의미를, 'a로써 b'는 어떤 물건의 재료나 원료(a)를 나타내는 격조사, 어떤 일의 수단이나 도구(a)를 나타내는 격조사의 기능을 한다. 'a(ㄹ)수록 b'는 앞 절(a) 일의 어떤 정도가 그렇게 더하여 가는 것이, 뒤 절(b) 일의 어떤 정도가 더하거나 덜하게 되는 조건(a)이 됨을 나타내는 연결 어미이다. 'a한 만큼 b'는 뒤(b)에 나오는 내용의 원인이나 근거(a)가 됨을 나타내는 말과 더불어 앞(a)의 내용에 상당하는 수량이나 정도(b)임을 나타내는 말(동등·유사 p.74 참조)을 뜻한다. 'a(ㄹ) 토대로 b'는 어떤 사물이나 사업의 밑바탕이 되는 기초와 밑천(a)을 비유적으로 이르는 말을 뜻하고, 'a으므로 b'는 까닭이나 근거를 나타내는 연결 어미이다. 이외에도 순류를 나타내는 표지어들이 더 있지만, 대표 표지어를 중심으로 알아봤다.

한 문장 속 「역류」

한 문장 단위에서 역류(a←b)를 나타내는 표지어는 사고의 흐름이 b에서 a로 거꾸로 흐른다. 문장은 선형적이지만 내용의 논리는 시간적으로나 순서적으로 b가 먼저이고 a가 나중이 된다. 여기서 역류 표지어를 중심으로 쪼개진 a, b는 순류와 마찬가지로 한 문장만 보고 무엇이 중요하다 속단할 수 없다. 왜냐하면, 주고받음 대상 경우의 수 자체가 바뀐 것이 아니라 단지 문장에서 위치만 바뀐 것이기 때문이다. 그럼 사례를 읽어보고 표지어를 기준으로 사고를 연결해 보자.

사례 | ③당시 사람들은 올리브에서 기름을 얻기 위해서 돈을 주고 압착기를 빌려야 했다. [SAT, 2006, 52~55, 개]

이 사례 역시 표지어 'a하기 위해서 b'가 문장의 허리이다. 이 표지어를 기준으로 주고받음 대상 경우의 수를 뽑아 보면 '사람들, 올리브 기름 ← 돈, 압착기'가 잡힌다. 그럼 주고받음 대상 경우의 수를 결정했으니 이후 문장으로까지 사고를 확장해 보자. 사례 문장을 중심으로 이전 문장에서는 주고받음 대상 경우의 수 중 하나 이상을 언급했을 것이며, 이후 문장에 이 경우의 수 중 하나 이상을 넘겨 줄 것이다. 여러분이라면 '사람들', '올리브 기름', '돈', '압착기' 중에서 무엇을 넘겨주고 넘겨받으시겠습니까? 저자는 '올리브 기름'을 주고받음 대상으로 연결해보겠다. ④이전과 달리 올리브 기름을 장비없이 추출한다는 것은 비

경제적이라는 의식이 확산했기 때문이다. 그렇다면 원문에서는 어떻게 문장과 문장이 연결되었을까? ④탈레스는 파종기에 미리 조금의 돈을 주고 수확기에 일정한 임대료로 압착기를 빌릴 수 있는 권리를 사 두었다. 원문에서는 '압착기'를 주고받음 대상으로 ③번 문장과 연결하고 있다. 역류와 관련해서는 사례 하나를 더 살펴보자.

사례 | ②기술 발전은 제조 공정의 일부를 서로 결합함으로써 대폭적인 비용 절감을 가능하게 하는 기술 혁신을 통하여 이루어진다. [2005, 33~36]

이 사례는 역류 표지어 'a는 b를 통하여 이루어진다.'를 중심으로 이루어진 문장이다. 더불어 안긴문장 안에는 순류 표지어 'a함으로써 b'도 포함되어 있다. 그럼 이 한 문장에서 주고받음 대상 경우의 수를 뽑아 보자. 우선 '기술 발전 ← 기술 혁신'이 잡힌다. 더 세심하게 뽑아 보면 '제조 공정 결합 → 비용 절감'도 경우의 수로 결정할 수 있다. 주고받음 대상 경우의 수를 결정했으니 이후 문장으로까지 사고를 확장해 보자. 여러분이라면 무엇을 넘겨주고 넘겨받아 사고를 이어가겠습니까? 원문을 살펴보자. ③17세기에는 유럽 귀족들의 사치품이었지만 오늘날에는 온갖 진열장에서 고층 건물의 외장재에 이르기까지 널리 사용되는 판유리의 경우가 그 좋은 예이다. 원문에서는 '기술 혁신'을 주고받음 대상으로 예시를 들며 두 문장을 연결하고 있다.

한 문장 단위에서 역류(←)를 나타내는 표지어로는 '~하기 위해서,

~하려고, ~하도록, ~려면, a는 b 때문이다, a는 b에 기인한다, a는 b를 통해 이루어진다* 등'이 있다. 글을 읽는 과정에 이러한 역류 표지어를 만나면 사고는 순서지움을 통해 내용을 재정렬한 후 다음 문장을 읽어 내려가야 한다. 그래서 흐름 표지어 중에서 가장 중요한 표지어는 역류 표지어다. 까다로운 필자와 출제자는 역류를 많이 활용한다.

---

* 'a기 위해서 b'는 행동의 목적(a)을 말함, 어떤 목적(a)을 이루려고 함, 동사에 붙어 목적이나 의도(a)를 나타내는 표현을 나타낸다. 'a하려고 b'는 어떤 행동을 할 의도나 욕망을 가지고 있음을 나타내는 연결 어미, 곧 일어날 움직임이나 상태의 변화를 나타내는 연결 어미이다. 'a하도록 b'는 앞(a)의 내용이 뒤(b)에서 가리키는 사태의 목적이나 결과, 방식, 정도 따위가 됨을 나타내는 연결 어미로 뒤에 '은', '도', '까지' 따위의 보조사가 올 수 있다. 'a(하)려면 b'는 '어떤 의사를 실현하려고 한다면'의 뜻을 나타내는 연결 어미, '어떤 가상의 일이 사실로 실현되기 위해서는'의 뜻을 나타내는 연결 어미, 미래의 어떤 일이 이미 실현되기 시작했거나 실현될 것이 확실하다면'의 뜻을 나타내는 연결 어미로 뒤(b)에는 그 실현의 방식을 규정하는 말이 온다. 'a는 b 때문이다.'와 'a는 b에 기인한다.'는 a가 결과 b는 근거·이유를 나타내고, 'a는 b에 의해서 결정된다.'는 a가 결과·동작 b는 수단·방법·근거를 나타낸다. 'a는 b를 통해 이루어진다.' 역시 a가 목적·결과 b는 수단·방법·근거를 나타낸다. 이외에도 역류를 나타내는 표지어들이 더 있지만 대표 표지어를 중심으로 알아봤다.

한 문장 속 「대립·대조」

한 문장 단위에서 대립·대조(a↔b)를 나타내는 표지어는 사고의 흐름이 일단 부딪힌다. 그리고 통상적으로 무게중심이 뒤(b)로 향한다. 여기서 대립·대조 관계는 단순히 반대 개념을 넘어 비교, 선택, 강조 등과 같이 두 개의 주고받음 대상 경우의 수가 부딪히는 개념이다. 그럼 사례를 읽어보고 표지어를 기준으로 사고를 연결해 보자.

사례 | ②이제 음악가들은 화성을 중시해서 여러 성부로 이루어진 음악을 연주하기보다 화성 반주에 맞추어 하나의 선율을 노래하는 짜임새를 선호하게 되었다. [SAT, 2009, 16~19, 대]

이 문장은 우선 표지어 'a 보다 b'를 통해 내용이 연결되어 있다. 이 표지어를 기준으로 주고받음 대상 경우의 수를 뽑아 보면 '음악가들, 화성 반주, 성부 ↔ 선율, 짜임새, 선호 등'이 잡힌다. 그럼 이 경우의 수를 바탕으로 이후 문장으로까지 사고를 확장해 보자. 여러분이라면 '음악가들', '화성 반주', '성부', '선율', '짜임새' 중에서 무엇을 넘겨주고 넘겨받으시겠습니까? 이 예시는 다른 문장보다 힌트가 많은 구조이다. 맨 앞에 있는 '이제' 때문이다. 아마도 이전 문장으로부터 세 가지 키워드 중 '성부로 이루어진 음악'에 관한 내용을 넘겨받았을 것이다. 그리고 이후 문장에는 '화성 반주' 관련 내용을 넘겨주지 않을까요? 이 사례는 논리적 사고를 이어갈 수 있는 전형적인 문장이다. 그럼에도 불구하고 저자는 '성부'와 '음악가들'을 주고받음 대상으로 연결해보겠다. ③성부는 당시 음악가들에게 진부한 연주 방식이었기 때문이다. 그렇다면 원문에서는 어떻게 연결되었을까? ③화성 반주의 악보 중에는 저음 성부에서 일정한 패턴이 반복되는 경우가 있다. 역시 원문에서는 '화성 반주'를 주고받음 대상으로 ③번 문장과 연결하고 있다. 여기서 확인할 수 있는 것은 이전 문장의 주어인 '음악가들'과 목적어인 '짜임새'가 두 문장을 연결하는데 있어서는 중요하지 않다는 것이다. 두 문장 간 수직적 연결고리를 형성하는 '화성 반주'가 이 두 문장의 핵심어가 된다. 다시 말해 문장의 주요소뿐만 아니라 한 문장 단위에서는 그렇게 중요하지 않은 부사도 문장과 문장 단위에서 핵심어가 될 수 있다. 사례 하나를 더 읽어 보자.

사례 | ①어휘의 절대량을 늘리는 일 못지않게 중요한 것이 기존 어휘를 적극적으로 이용하는 일이다. [SAT, 2003, 57~60, 대]

이 사례는 표지어 'a 못지않게 b'를 통해 한 문장이 논리적으로 연결되어 있다. 이 표지어를 기준으로 주고받음 대상 경우의 수를 뽑아보면 '어휘의 절대량, 늘림 ↔ 기존 어휘 이용'이 잡힌다. 그럼 주고받음 대상 경우의 수를 결정했으니 이후 문장으로까지 사고를 확장해 보자. 여러분이라면 이 중에서 무엇을 주고받음 대상으로 해서 사고를 이어가시겠습니까? 원문을 살펴보자. ②예를 들면 방언이나 옛말 등을 찾아 적극적으로 이용하는 방법이 있다. 원문에서는 '기존 어휘 이용'을 주고받음 대상 사례를 언급하며 두 문장을 연결하고 있다.

한 문장 단위에서 대립·대조(↔)를 나타내는 표지어로는 '~보다, ~이 아니라, ~에 관계없이, ~에도 불구하고, ~되, ~대신, ~면서1, 대비, 못지않게* 등'이 있다. 여기서 한 가지 짚고 넘어가면 한 문장 단위에서 '~지만'과 '~는데1'는 문장과 문장 단위에서 '하지만'과 '그런데'와 유사한 맥락이다. '~지만'의 사전적 의미를 보면 '어떤 사실이나 내용

---

* 대립·대조 표지어의 사전적·논리적 의미를 살펴보면, 'a 보다 b'는 서로 차이가 있는 것을 비교하는 경우, 비교의 대상이 되는 말에 붙어 '~에 비해서'의 뜻을 나타내는 격조사이다. 'a 못지않게 b'는 그것보다 낫지는 않다. 그러나 그것에지지 않을 정도로의 뜻을, 'a와는 달리 b'는 사정이나 조건 따위가 서로 같지 않게를 나타내고, 'a가/이 아니라 b'는 '~가/이 아니라 ~이다.'의 구조로 선행절과 후행절의 내용이 서로 대칭이 되는 의미를 나타낸다. 'a에 관계없이 b'는 서로 아무런 관련이 없이, 문제 될 것이 없이를 나타내며 비슷한 말로 '상관없이'가 있다. 'a에도 불구하고 b'는 비록 사실은 그러하지만 그것과는 상관없이의 의미를 나타내고, 'a되 b'는 대립적인 사실을 잇는 데 쓰는 연결 어미와 어떤 사실을 서술하면서 그와 관련된 조건이나 세부 사항을 뒤에 덧붙이는 뜻을 나타내는 연결 어미이다. 'a대신 b'는 (어미 '-은/는' 뒤에 쓰여) 앞말이 나타내는 행동이나 상태와 다르거나 그와 반대임을 나타내는 말을 의미한다. 'a(하)면서 b'는 두 가지 이상의 움직임이나 사태가 서로 맞서는 관계에 있음을 나타내는 연결 어미이다.〔더불어 두 가지 이상의 움직임이나 사태 따위가 동시에 겸하여 있음을 나타내는 연결 어미이다.〕 'a대비 b'는 두 가지의 차이를 밝히기 위하여 서로 맞대어 비교함을 나타낸다. 'a(했)으나 b'는 앞 절의 내용과 뒤 절의 내용이 서로 다름을 나타내는 어미. 비교의 뜻을 나타내는 연결 어미.형용사 어간을 반복하여 그 뜻을 강조하는 연결 어미이다. 'a뿐 b'는 다만 어떠하거나 어찌할 따름이라는 뜻을 나타내는 말과 ('-다 뿐이지' 구성으로 쓰여) 오직 그렇게 하거나 그러하다는 것을 나타내는 말을 의미한다. 'a(하)지만 b'는 '~지마는'의 준말로 어떤 사실이나 내용을 시인하면서 그에 반대되는 내용을 말하거나 조건을 붙여 말할 때에 쓰는 연결 어미이다. 'a(ㄴ)데1 b'는 앞선 사실에 대해 반대이 결과나 상황이 뒤에 이어지거나 대조되는 두 가지 사실을 말할 때 쓰고, 뒷절에 대한 설명이 되는 배경을 제시함을 나타낸다.〈순류 참조〉

을 시인하면서 그에 반대되는 내용을 말하거나 조건을 붙여 말할 때에 쓰는 연결 어미'로 이는 흐름이 전환 되는 것을 의미한다. 하지만 한 문장 단위에서 '~지만'과 '~는데 등'은 대립·대조와 마찬가지로 두 개의 내용이 부딪히는 것만 확인할 수 있다. 저자가 판단할 때 흐름의 전환은 적어도 두 문장 이상으로 이루어진 내용에서 판단할 수 있다. 따라서 한 문장 단위에서는 흐름 전환을 별도로 다루지 않고 대립·대조(↔)에 포함하도록 하겠다.

수평적 연결을 논리적으로 인지하는 두 번째 방법은 '관계 표지어'를 기준으로 '주고받음 대상 경우의 수'를 찾아내는 것이다. 그다음 이 경우의 수 중에서 '주고받음 대상'이 될 가능성이 높은 핵심어를 예측하는 것이다. 관계 표지어는 '주고받음 대상 범위'를 결정하는 길잡이가 될 수 있다. 다시 말해 주고받음 대상 범위를 넓히기(a+b)도 좁히기(a-b)도 하는 역할을 한다. 따라서 관계 표지어는 주고받음 대상의 범위를 결정하는 것이 핵심이다. 한 문장 단위에서 관계 표지어는 '더하기, 빼기, 동등·유사, 대·소 등'으로 구분할 수 있다. 이러한 구분은 논리적 사고의 체계를 바탕으로 학교문법적 요소를 논리문법 관점으로 재구성한 것이다. 자 그럼 한 문장 단위 사고의 관계를 하나하나 살펴보자.

한 문장 속 「더하기」

한 문장 단위에서 더하기(a+b)를 나타내는 표지어는 사고의 흐름이 a, b를 묶어서 단위를 형성하는 것이 특징이다. 앞에서 설명한 순류, 역류, 대립·대조 등 흐름 표지어와 차이점은 표지어를 기준으로 a, b 블록 자체가 주고받음 대상이 된다는 것이다. 물론 a나 b 하나만 선별적으로 주고받기도 한다. 사례를 읽어 보자.

사례 | ③우리는 정보 사회와 관련된 갖가지 전망을 통하여 실제로 변화하게 될 것은 어떤 것이고 변화하지 않을 것은 어떤 것인지를 잘 분간하는 한편, 긴 역사적 과정 속에서 정보 사회가 어떠한 자리를 차지할 것인지를 주체적 관점에서 정리하는 일이 필요하다. [SAT, 1998, 50~55, 대]

이 문장에서는 표지어 'a하는 한편 b'를 중심으로 연결되어 있다. 이 표지어를 기준으로 주고받음 대상 경우의 수를 뽑아 보면 '정보 사회', '전망', '분간 + 정리' 등으로 좁혀진다. 그럼 이 경우의 수를 바탕으로 이후 문장으로 사고를 확장해 보자. 여러분이라면 무엇을 넘겨주고 넘겨받으시겠습니까? 이 문장은 한 문장치고는 긴 문장이다. 한 문장의 확장형으로 여러 가지 문법적 요소가 가미되었기 때문이다. 하지만 '주고받음 대상 경우의 수'를 생각하며 읽는다면 쉽게 이해할 수 있다. 저자는 '분간'을 주고받음 대상으로 연결해보겠다. ④현시점에서 더 정확한 정보의 분간을 위해서 이전과는 차별화된 방법이 요구된다.

그렇다면 원문에서는 어떻게 연결되었을까? ④아울러 정보화 및 정보 사회에 관련된 다양한 논의들을 비판적으로 검토하여, 한국 사회의 구체적인 조건들에 맞는 바람직한 정보 사회의 모형을 설계하는 일이 중요하다. 원문에서는 '분간과 정리'와 더불어 '비판적으로 검토'를 추가로 언급하며 '정보 사회'에 필요한 내용의 범위를 두 문장에 걸쳐 포괄적으로 언급하고 있다. 그렇다면 이후 문장에서는 몇 번 문장과 그 문장에서 무엇을 주고받음 대상으로 연결될까?

한 문장 단위에서 더하기(+)를 나타내는 표지어는 '~하는 한편, ~뿐만 아니라, 나아가, 및, ~은 물론, 이외에, ~를 포함하여, ~하며* 등'이 있다.

---

* 'a하는 한편 b'는 어떤 일에 대하여, 앞에서 말한 측면과 다른 측면을 말할 때 쓰는 말이고, 'a 뿐만 아니라 b'는 그 명사가 가리키는 사물만이 아니고 그에 더하여 후행 명사가 가리키는 사물까지도 가리킨다. 'a 나아가 b'는 거기에만 머무르지 아니하고, 앞에서 이야기한 사실보다 정도가 더하여지거나 범위가 더 넓어짐을 나타낸다. 'a 및 b'는 '그리고', '그 밖에', '또'의 뜻으로, 문장에서 같은 종류의 성분을 연결할 때 쓰는 말이다. 'a는 물론 b'는 앞의 명사도 당연히 그러함을 나타내는 표현이다. 'a 이외에 b'는 일정한 범위나 한계를 벗어남을 나타내는 말로 일정한 범위나 한도의 밖을 의미하는 표현이다. 'a를 포함하여 b'는 어떤 사물이나 현상 가운데 함께 들어가게 하거나 함께 넣음을 의미하는 표현이다. 'a하며 b'는 둘 이상의 사물을 같은 자격으로 이어 주는 접속 조사로 비슷한 말로 'a하고 b'가 있다. 이외에도 더하기를 나타내는 표지어들이 더 있으니 지속적으로 확인해야 한다.

한 문장 속 「빼기」

한 문장 단위에서 빼기(a-b)를 나타내는 표지어는 사고의 흐름을 딱히 결정할 수가 없다는 것이 특징이다. 더하기처럼 블록 단위로 주고받음 대상이 되기도 하고 a나 b 중 하나만 선별적으로 주고받음 대상이 되기도 하기 때문이다. 사례를 살펴보자.

사례 | ①전통 예술의 현대화나 민족 예술의 세계화라는 명제와 관련하여 흔히 사물놀이를 모범 사례로 든다. [SAT, 2002, 47~51, 개]

　우선 주고받음 대상의 경우의 수를 'a나 b'를 기준으로 뽑아보면 거시적으로 세 개, 미시적으로 여섯 개(전통 예술, 현대화, 민족 예술, 세계화, 명제, 사물놀이)가 잡힌다. 짧은 문장이지만 사고의 폭이 넓은 사례이다. 그럼 이 경우의 수를 바탕으로 이전·이후 문장과의 주고받음 대상들의 관계를 생각해 보자. 첫째로 이 문장이 이전 문장으로부터 받은 키워드가 무엇일까? 미시적 관점에서 생각해보면 모두 가능하다. 너무 무책임한가요? 좀 더 설명해 드리겠습니다. 일례로 '진정한 세계화' 관련한 책 한 권에 이 사례문장이 들어있다고 생각해보죠. '세계화→우리 민족→전통→예술→현대적 해석 사례?'로 이어지는 내용이 언급되었을 수도 있다는 것이다. 이래서 한 문장이 어려운 것이다. 그리고 이 문장에서 이후 문장에 넘겨줄 키워드는 '사물놀이'를 넘겨줄 것 같다. 물론 '현대화나 세계화'도 얼마든지 넘겨줄 수 있다. 저자는 '세계화'를 주고받음 대상으로 연결해보겠다. ②하지만 최근에는 아이돌 스타들이 한국 대중예술의 세계화를 이끌고 있다. 그렇다면 원문에서는 어떻게 연결되었을까? ②전통의 풍물놀이[농악]를 무대 연주 음악으로 탈바꿈시킨 사물놀이는 짧은 역사에도 불구하고 한국 현대 예술에서 당당히 한 자리를 잡은 가운데 우리 전통 음악의 신명을 세계에 전하는 구실을 하고 있다. 원문에서는 역시 '사물놀이'를 주고받음 대상으로 ①번 문장과 연결하고 있다.

한 문장 단위에서 빼기(-)를 나타내는 표지어는 '~(이)나, ~를 제외하고, 또는, 든지, 가운데* 등'이 있다.

---

* 'a(이)나 b'는 비슷한 여럿을 나타내는 말 중 선택된 대상에 붙어 쓰여 '혹은', '또는'의 뜻과, 둘 이상의 사물을 같은 자격으로 이어 주는 접속 조사, 나열되는 사물 중 하나만이 선택됨을 나타낸다. 여러 가지 중에서 어느 것을 선택해도 상관없음을 나타내는 보조사이다. 'a는 다거나 b'는 나열된 동작이나 상태, 대상들 중에서 어느 것이든 선택될 수 있음을 나타내는 연결 어미로 '-거나 -거나' 구성으로 쓰일 때는 흔히 뒤에 '하다''가 온다. 실제로 일어날 수 있는 여러 가지 중에서 어느 것이 일어나도 뒤 절의 내용이 성립하는 데 아무런 상관이 없음을 나타내는 연결 어미로 '간에'나 '상관없이' 따위가 뒤따라서 뜻을 분명히 할 때가 있다. 'a 든지 b'는 어느 것이 선택되어도 차이가 없는 둘 이상의 일을 나열함을 나타내는 보조사로 비슷한 말로는 '든가'가 있다. 'a 또는 b'는 부사로 그렇지 않으면을 뜻하며 비슷한 말로는 '내지''가 있다. 'a 가운데 b'는 여럿으로 이루어진 일정한 범위의 안을 뜻한다. 이외에도 빼기를 나타내는 표지어들이 더 있지만 대표 표지어를 중심으로 알아봤다.

한 문장 속 「동등·유사」

한 문장 단위에서 동등·유사(a≒b)를 나타내는 표지어는 사고의 흐름이 a, b 모두 가능하지만, 일반적으로 b를 중심으로 흐르는 것이 특징이다. 보조관념*의 비유 내용을 a에, 원관념**의 비유 대상을 b에 위치하는 패턴을 확인할 수 있기 때문이다. 하지만 때에 따라서 a, b의 위치가 뒤바뀌는 경우도 많으니 a, b 중 무엇이 실제 내용이고 무엇이 비유 대상인지 확인해야 한다. 무엇보다 여기서 말하는 동등·유사 개념은 내용적, 의미적 동등이 아니다. 사례를 보자.

사례 | ①루소에 의하면, 자연 상태에서 인간은 필요한 만큼의 욕구가 충족되면 그 이상 아무 것도 취하지 않았으며, 타인에게 해악을 끼치지도 않았다. [SAT, 2000, 40~44, 团]

이 문장에서 주고받음 대상의 경우의 수를 'a 만큼 b'를 기준으로 뽑아보면 '루소, 자연 상태, 필요 ≒ 욕구, 타인, 해악 등'이 잡힌다. 어려운 글은 이유가 있다. 바로 주고받음 대상 경우의 수가 많기 때문이다. 여기에 여러 표지어의 복잡한 관계가 형성되는 것도 한몫을 한다.

---

* 보조관념: 비유에서 원관념의 뜻이나 분위기가 잘 드러나도록 도와주는 관념. 또는 비교하거나 비유하는 관념. 예를 들어 '내 마음은 호수요.'에서 '내 마음'은 원관념이고 '호수'는 보조 관념이다.

** 원관념: 비유법에서 표현하고자 하는 실제 내용. 가령 "내 누님같이 생긴 꽃이여"했을 때, 원관념은 '꽃'이 되고 보조관념은 '내 누님'이 된다.

저자는 '자연 상태'와 '욕구'를 주고받음 대상으로 연결해 보겠다. ②그러나 문명이 발달하면서 인간의 욕구는 만족할 줄 모르는 상황까지 도달했다. 그렇다면 원문에서는 어떻게 연결되었을까? ②심지어 타인에게 도움을 주려는 본능적인 심성까지 지니고 있었다. 원문에서는 '타인'을 주고받음 대상으로 ①번 문장과 연결하고 있다.

사례 | ⑤압축 비율이 높다는 것은 그만큼 효율이 좋다는 것을 의미한다. [2006. 20~23. 태]

이 문장에서는 표지어 'a하다는 것은 b이다'가 문장의 허리이다. 이 표지어를 기준으로 주고받음 대상 경우의 수를 뽑아 보면 '압축 비율, 효율 등'으로 좁혀진다. 주고받음 대상의 경우의 수를 결정했으니 사고를 확장해 보자. 이번에는 이전 문장을 생각해보자. 저자는 '효율'과 '압축 비율'을 주고받음 대상으로 연결해보겠다. ④엔진의 효율은 압축 비율과 상관관계를 갖고 있다. 그렇다면 원문에서는 어떻게 연결되었을까? ④또 압축 과정에서 공기와 연료가 혼합되지 않기 때문에 디젤 엔진은, 최대 12:1의 압축 비율을 갖는 가솔린 엔진보다 훨씬 더 높은 25:1 정도의 압축 비율을 갖는다. 원문에서는 '압축 비율'을 주고받음 대상으로 이전 문장과 연결하고 있다.

한 문장 단위에서 동등·유사(≒)를 나타내는 표지어는 '~만큼, ~

와 같은, ~처럼, ~하듯이, ~와 마찬가지로, ~는 것은 ~다* 등'이 있다.

---

* 'a 만큼 b'는 앞의 내용에 상당하는 수량이나 정도임을 나타내는 말을 의미하고 더불어 뒤에 나오는 내용의 원인이나 근거가 됨을 나타낸다.^(순류 참조) 'a와 같은 b'는 다른 것과 비교하여 그것과 다르지 않다. 더불어 그런 부류에 속한다는 뜻을 나타낸다. 'a처럼 b'는 (체언 뒤에 붙어) 모양이 서로 비슷하거나 같음을 나타내는 격조사이다. 'a하듯이 b'는 b의 내용이 a와 거의 같음을, 'a는 b 만큼'는 앞의 내용에 상당하는 수량이나 정도임을 나타내는 말을, 'a와 마찬가지로 b'는 앞의 명사도 당연히 그러함을 나타내는 표현이다.

한 문장 속 「대·소」

한 문장 단위에서 대·소(a⟨b, a⟩b)를 나타내는 표지어는 사고의 흐름이 일반적으로 큰 쪽을 중심으로 흐르지만, 이후 문장에서 a, b 모두 받을 수가 있다. 사례를 읽어보자.

사례 | ④한글은 문자 발달사의 각 단계 문자 부류들이 보여 주는 장점들을 다른 문자보다 더 많이 가지고 있는 독특한 문자라는 것을 알 수 있다. [SAT, 2005, 44~47, 國]

이 문장에서는 표지어 'a는 b보다'가 문장의 허리이다. 이 표지어를 기준으로 주고받음 대상 경우의 수를 뽑아 보면 '한글, 문자 부류들, 다른 문자, 독특한 문자 등'으로 좁혀진다. 주고받음 대상의 경우의 수를 결정했으니 사고를 확장해 보자. 저자는 '한글'과 '독특한 문자'를 주고받음 대상으로 연결해보겠다. ⑤한글이 독특한 문자라는 것을 증명하는 것은 이뿐만이 아니다. 그렇다면 원문에서는 어떻게 연결되었을까? ⑤즉, 음운 문자이므로 효율적이고, 자질 문자의 특성을 가지고 있어 배우기가 쉬울 뿐 아니라, 모아쓰기를 함으로써 음절 문자의 장점도 취하고 있는 것이다. 원문에서는 '문자 부류들'을 주고받음 대상으로 ④번 문장과 연결하고 있다.

한 문장 단위에서 대·소(⟨⟩)를 나타내는 표지어로는 'a는/가 b보다,

~을/를 넘어* 등'이 있다.

    살펴본 한 문장 단위 표지어는 사전적 의미를 바탕으로 논리적 흐름 및 역할을 정리한 것이다. 다만, 문맥적 흐름에서 그 의미가 확대되거나 축소될 수도 있다는 것을 염두에 두었으면 한다. 연장해서 글 읽기의 목적을 생각해 볼 때 '한 문장 단위'에서는 중심내용(핵심어, 화제 등)을 결정할 수 없다. 다만 핵심어나 화제가 될 수 있는 후보군(주고받음 대상 경우의 수)만 예측할 수 있을 뿐이다. 따라서 중심내용은 '문장과 문장' 단위 이상에서만 찾을 수 있다. 한 가지 더 짚고 넘어가면 한 문장의 사전적 정의는 '생각이나 감정을 말과 글로 표현할 때 완결된 내용을 나타내는 최소의 단위'이다. 하지만 한 문장으로 자기 생각을 완결되게 표현할 수 있는 사람이 몇이나 될까? 본능적인 표현 말고 관념적인 이론과 논리적인 주장을 하는데 말이다. 여기서 말하는 '완결'을 좀 더 정확하게 규명하면 형식적 완결을 의미하는 것이다. 즉 한 문장은 문법체계에 맞춰 형식적으로 완결되게 표현하는 최소 단위이다.

    그럼 한 문장 단위를 마무리하고 문장과 문장 단위로 넘어가 보자. 기억할 것은 우리의 목표는 한 문장을 완성하는 것이 아니라 텍스트 즉, 문장과 문장 단위를 완성하는 것이다.

---

* 'a는/가 b보다'는 서로 차이가 있는 것을 비교하는 경우, 비교의 대상이 되는 말에 붙어 '~에 비해서'의 뜻을 나타내는 격조사이다. 여기서 대소관계는 'a〉b'가 된다. 'a을/를 넘어 b'는 일정한 기준이나 한계 따위를 벗어나 지나다의 의미를 나타낸다. 이외에도 더하기를 나타내는 표지어들이 더 있으니 지속해서 확인해야 한다.

TExt MEchanism & THinking MEchanism

2

'문장과 문장 단위' 연결
표지어 유/무

문장과 문장 단위에서 방향성을 결정하는 접속부사 등 표지어는 중심 내용 중 화제 문장을 결정하는 1차적 지표이다. 여기서 방향성은 순류, 역류, 대립·대조, 흐름 전환, 더하기 등으로 나누어서 정리할 수 있다.

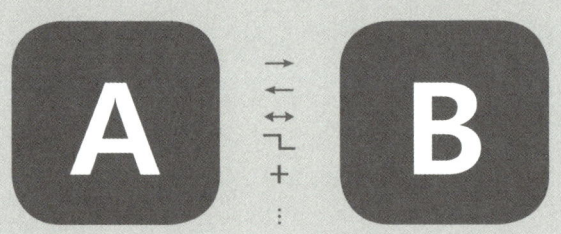

A, B는 문장을 의미함

 문장과 문장의 연결 고리를 파악함과 동시에 방향성을 결정해 보자. 그리고 이후 문장까지 사고를 확장해서 읽기와 함께 쓰기 훈련까지 진행해 보자. 우선 모든 한 문장 단위에서는 주고받음 대상 경우의 수를 뽑아내고, 이 경우의 수를 근거로 문장과 문장 단위에서는 주고받음 대상 즉, 문장과 문장의 수직적 연결 고리를 파악한다. 그리고 나서 주고받음 대상 간의 관계 파악을 통해 텍스트의 방향성을 결정한다. 마지막으로 이를 바탕으로 중심내용을 결정하면 된다. 다만, 본문에서 사례로 든 텍스트는 완전한 내용이 아니라 부분적 텍스트이기 때문에 모든 중심내용을 결정할 수 없으므로 핵심어와 화제를 중심으로 탄력적으로 결정하도록 하겠다.

문장과 문장 사이 「순류」

'문장(A)+문장(B)+...'에서 순류(→)는 사고의 흐름이 A에서 B로 흐른다. 여기서 문장(A)는 근거, 이유, 전제 등이 되고 문장(B)는 주장, 결과, 결론 등이 된다. 문장과 문장 사이에서 '근거→주장', '전제→결론', '이유→결과' 등 순류를 의미하는 흐름 표지어로는 '따라서, 그리하여, 그러므로, 그렇다면, 그런 까닭에, 그래서, 그러면, 그러자, 결국* 등'

---

* 'A다. 따라서 B다.'에서 따라서는 앞(A)에서 말한 일이 뒤(B)에서 말한 일의 원인, 이유, 근거가 됨을 나타내는 접속부사이고, 'A다. 그리하여 B다.'에서 그리하여는 앞(A)의 내용이 뒤(B)의 내용의 원인이거나 앞의 내용이 발전하여 뒤의 내용이 전개될 때 쓰는 접속 부사이다. 'A다. 그러므로 B다.'에서 그러므로는 앞(A)의 내용이 뒤(B)의 내용의 이유나 원인, 근거가 될 때 쓰이고 논리적 전개를 위한 문어체 문장에서 많이 쓰이며, '그런 까닭에, 그런 이유로'의 뜻을 나타낸다. 'A다. 그렇다면 B다.'에서 그렇다면은 상태, 모양, 성질 따위가 그와 같다면의 의미를 나타낸다. 'A다. 그런 까닭에 B다.'에서 그런 까닭에는 앞(A)의 내용이 뒤(B)의 내용의 이유나 원인, 근거가 될 때 쓰이며 주로 논리적 전개를 위한 문어체 문장

이 있다. 다음 사례를 읽어보고 문장 간의 연결 고리와 방향성을 생각해 보자.

사례 | ②사회적 할인율은 사회 구성원이 느끼는 할인의 요인을 정확하게 파악하여 결정하는 것이 바람직하나, 이것은 현실적으로 매우 어렵다. ③그래서 시장 이자율이나 민간 자본의 수익률을 사회적 할인율로 적용하자는 주장이 제기된다. [SAT, 2008, 44~46, 대]

먼저 문장 간의 수직적 연결 고리를 확인해 보자. 우선 한 문장을 읽고 나서 주고받음 대상 경우의 수를 뽑아보면 내②번 문장은 '**사회적 할인율, 사회 구성원, 할인의 요인 등**'으로 ③번 문장은 '**시장 이자율, 민간 자본의 수익률, 사회적 할인율 등**'으로 경우의 수를 정리할 수 있다. 그다음 이를 근거로 문장과 문장의 수직적 연결 고리를 찾으면 된다. 여기서 문장 ②③은 '**사회적 할인율**'을 주고받음 대상으로 연결되어 있다. 그렇다면 여러분은 이 문장과 문장에서 무엇을 주고받아 생각을 이어가겠습니까? 그리고 방향성은 어떻게 결정하겠습니까? 한 문장 단위에서 훈련한 것처럼 여백에 직접 문장과 문장을 연결해보고 나서

에서 많이 쓰인다. 'A다. 그래서 B다.'에서 그래서는 앞(A)의 내용이 뒤(B)의 내용의 원인이나 근거, 조건 따위가 될 때 쓰는 접속 부사이다. 'A다. 그러면 B다.'에서 그러면은 앞(A)의 내용이 뒤(B)의 내용의 조건이 될 때와 앞의 내용을 받아들이거나 그것을 전제로 새로운 주장을 할 때 쓰인다. 'A다. 그러자 B다.'에서 그러자는 동사 '그러다'의 활용형으로 한 동작이 막 끝남과 동시에 다른 동작이나 사실이 잇따라 일어남을 나타낸다. 'A다. 결국 B다.'에서 결국은 일의 마무리에 이르러서 또는 일의 결과가 그렇게 돌아가게를 의미한다.

원문 비교해보기 바랍니다. 원문에서는 어떻게 연결되었을까요? 대①
시장 이자율은 저축과 대출을 통한 자본의 공급과 수요에 의해 결정되
는 값이다. 원문을 보면 '시장 이자율'을 주고받음 대상으로 이후 문장,
형식적으로는 다음 문단과 연결하고 있다. 이를 도식으로 정리해보면
다음과 같다.

나② 　　　　　　사회적 할인율…사회 구성원…할인의 요인
　③ 시장 이자율…수익률…사회적 할인율
대① 시장 이자율…저축과 대출…공급과 수요

그럼 연결 고리를 파악했으니 더 나아가 문장 간의 방향성까지 결
정해 보자. 우선 문장 나②③ 사이에는 순류를 나타내는 표지어 '그래
서'가 있다. 따라서 글의 방향성은 문장 ②에서 문장 ③으로 사고가 흐
른다.

그렇다면 문장과 문장 사이에 표지어가 없는 경우 순류(→)는 어떻
게 결정할 수 있을까? 문장과 문장 사이에 표지어가 없는 상황에서 문
장 간의 주고받음 대상이 계속 새로운 생각을 이어갈 경우 이는 순류이
다. 이는 등급별로 같은 맥락이다. 다만 문맥에 따라 '1등급 문장의 순
류'가 될 수도 있고 '2등급 문장의 순류'가 될 수 있다. 이어지는 사례는
여러분이 먼저 읽고 주고받음 대상 경우의 수를 뽑아 무엇을 주고받아
문장과 문장이 연결될지 예측해 보기 바랍니다.

사례 | ①경쟁하는 가설 중에서 하나를 선택해야 할 때, 우리는 관련된 경험적 증거를 살펴서 결정하게 된다. ②경험적 증거를 어떻게 고려해야 하는지에 대해서는 다음 세 입장을 생각해 볼 수 있다. [LEET, 2009 예비, 38~40, 개]

이 사례의 포인트는 두 문장 사이에 표지어가 없다는 것이다. 문장 ①②의 수직적 연결 고리를 확인해보면 '경험적 증거'를 주고받음 대상으로 연결되어 있다. 그리고 주고받음 대상 간의 관계는 '경험적 증거'를 받아 '세 입장'으로 사고를 확장한다. 따라서 방향성은 순류이다. 그리고 '경험적 증거'가 중심내용 중 핵심어가 된다. 그렇다면 이후 문장은 어떻게 연결될까? 아마도 '세 입장'이 차례로 나와 복잡한 전문 지식을 언급할 것이다. 그럼 좀 더 복잡한 사례를 읽어 보자.

사례 | ①영화의 기본적인 단위는 프레임이다. ②테두리 혹은 틀을 뜻하는 프레임은 영화가 만들어져 상영되는 단계마다 서로 다르게 정의된다. ③촬영 과정에서는 카메라를 통해 들여다보는 장면의 구도로, 편집 과정에서는 필름에 현상된 낱낱의 정지 사진으로, 그리고 상영 과정에서는 극장의 어둠과 화면을 가르는 경계선으로 규정되는 것이다. [SAT, 2001, 52~55, 개]

이 사례를 읽고 문장 간의 수직적 연결 고리를 확인해보면 ①②번 문장은 '프레임(테두리)'을 주고받음 대상으로 연결되고, ②③번 문장은 '단계(과정)'를 주고받음 대상으로 연결되어 있다. 그렇다면 이 세 문장의 방향성은 어떻게 될까? 문장 간의 주고받음 대상 간의 관계를 정리해보면 ②번 문장은 ①번 문장의 '프레임'을 받아서 '상영 단계'로 사고를 확장하고, ③번 문장은 ②번 문장의 '단계'를 '장면의 구도, 정지 사진, 경계선'으로 구분하며 사고를 확장하고 있다. 따라서 이 글의 방향성은 순류이고 사고는 ①→②→③번으로 흐른다. 더불어 이후 문장에서는 무엇을 주고받음 대상으로 해서 사고를 이어갈까? 여기서 판에 박힌 유형(p.127 참조)을 생각해 보면 '장면의 구도, 정지 사진, 경계선으로 규정'에 대한 내용을 언급할 수도 있다. 그렇다면 원문은 어떻게 연결되었을까? 여러분이 직접 주고받음 대상을 결정해서 다음 문장을 연결해 본 후 원문과 비교해보기 바랍니다. ④그러나 어떻게 정의되든 간에 이 개념은 영화가 프레임을 통해 비추어진 세계이며 프레임을 경계로 어두운 객석의 현실 세계와 구분된다는 것을 의미한다는 점에서 일치한다. 원문을 보면 '정의'와 '프레임'을 주고받음 대상으로 대립·대조를 이루고 있다. 이처럼 텍스트는 이후 문장을 확인하기 전까지는 사고의 방향을 결정할 수 없다. 그래서 선입견으로 텍스트를 읽으면 안 되는 것이다. 그래서 배경지식이 아니라 객관적이고 구조적인 방식으로 텍스트를 대면할 수 있어야 하는 것이다. 그럼 구분·분류와 더불어 'a는 b다, b는 c다, c는 d다'처럼 주고받음 대상을 파생하며 사고가 앞으로 향하는 사례도 살펴보자.

사례 | ①스마트폰이 등장하면서 모바일 무선 통신은 우리의 삶에서 없어선 안 될 문명의 이기가 되었다. ②모바일 무선 통신에 사용되는 전

파는 눈에 보이지 않아 실감하기 어렵지만, 가시광선과 X선이 속하는 전자기파의 일종이다. ③전파는 대기 중에서 초속 30만km로 전해지는데, 이는 빛의 속도(c)와 정확히 일치한다. [LEET, 2014, 33~35, 가]

우선 문장 간의 수직적 연결 고리를 확인해보면 ①②번 문장은 '모바일 무선 통신'을 주고받음 대상으로 연결되어 있고, ②③번 문장은 '전파'를 주고받음 대상으로 연결되어 있다. 그렇다면 이 사례의 방향성은 어떻게 될까? 주고받음 대상 간의 관계를 살펴보면 ②번 문장은 ①번 문장의 '모바일 무선 통신'을 받아서 '전파'로 사고를 확장하고, ③번 문장은 ②번 문장의 '전파'를 받아서 '빛의 속도'로 사고를 확장하고 있다. 따라서 이 글의 방향성은 ①→②→③번으로 사고가 흐른다. 마지막으로 중심내용을 정리해보자. 핵심어는 '모바일 무선 통신, 전파 등'이고, 화제는 '전파'이다. 주제는 '모바일 무선 통신, 전파, 빛의 속도'가 포함된 문장으로 정리할 수 있을 것이다. 화제문장은 ③번 문장이고, 요약은 화제문장의 연결로 만들어진다. 그렇다면 이러한 확장형 사고 뒤에는 글의 흐름이 어떻게 될까? 언급된 주고받음 대상 즉, '전파'나 '빛의 속도' 또는 이 둘의 관계에 대해 보다 구체적인 설명이 전개될 것이다. 그럼 이어지는 원문 내용을 좀 더 읽어보자. ④전파란 일반적으로 '1초에 약 3천~3조 회 진동하는 전자기파'를 말한다. ⑤1초 동안의 진동수를 '주파수(f)'라 하며, 1초에 1회 진동하는 것을 1Hz 라고 한다. ⑥따라서 전파는 3kHz에서 3THz의 주파수를 갖는다. ⑦주파수는 파동 한 개의 길이를 의미하는 '파장(변경)'과 반비례 관계에 있다. ⑧즉, 주파수가 높을수록 파장은 짧아지며, 낮을수록 파장은 길어진다. ⑨전자기파의 주파수와 파장을 곱한 수치(c=f변경)는 일정 하며, 빛의 속도와 같다.

역시 '전파'와 '빛의 속도' 간의 관계에 대해 자세히 설명하고 있다. 이처럼 과학이나 기술 등 전문적인 내용은 개념 즉, 주고받음 대상에 대한 설명이 길어질 수밖에 없다. 하지만 이러한 내용도 문장 간의 주고받음 대상을 통해서 수직적 연결 고리가 형성된다. 또 다른 사례를 읽어 보자. 참고로 사례를 읽을 때 배경지식이 아닌 구조적 관점에서 문장과 문장이 어떻게 연결되는지를 이해하려고 노력해야 한다.

사례 | ①과학은 현상이 어떻게 발생하는가를 기술할 뿐 아니라, 왜 발생하는가를 묻고 답한다. ②'왜?'라는 물음에 대한 대답이 설명이다. ③20세기 전반 논리 실증주의자들은 이상적인 과학적 설명은 법칙과 초기 조건으로부터 현상을 연역하는 형태로 되어 있어야 한다고 주장하였다. ④'연역적 법칙 포섭 모형'이라고 불리는 이 설명 모형에 따르면, 예컨대 일식 때 하늘이 어두워지는 현상은 만유인력의 법칙, 빛의 직진 원리 등[법칙]과 지구, 달, 태양의 상대적 위치가 언제 어떠했다고 말하는 진술[초기 조건]로부터 연역함으로써 설명된다. ⑤즉 법칙들과 초기 조건들이 모두 만족된다면, 현상은 그것들로부터 개연적으로가 아니라 필연적으로 유도되어야 한다. [MEET, 2005, 42~43, 가]

문장 간의 주고받음 대상 즉, 수직적 연결 고리를 확인해보면 ①② 번 문장은 '왜'를 주고받음 대상으로 연결되어 있고, ②③번 문장은 '

설명'을 주고받음 대상으로 연결되어 있다. 그리고 ③④⑤번 문장은 '연역, 법칙, 설명 등'을 주고받음 대상으로 연결된다. 그렇다면 이 사례의 방향성은 어떻게 될까? 주고받음 대상 간의 관계를 살펴보면 ②번 문장은 ①번 문장의 '왜'를 받아서 '설명'으로 사고를 확장하고, ③번 문장은 ②번 문장의 '설명'을 받아서 '연역'으로 사고를 확장하고 있다. 따라서 이 글의 방향성은 ①→②→③으로 사고가 흐른다. 다음으로 ③④⑤번 문장의 방향성을 결정하기 위해서 이 세 문장을 재구성해보겠다. "③20세기 전반 논리 실증주의자들은 이상적인 과학적 설명은 법칙과 초기 조건으로부터 현상을 연역하는 형태로 되어 있어야 한다고 주장하였다. ⑤즉 '연역적 법칙 포섭 모형'이라고 불리는 이 설명 모형에 따르면 법칙들과 초기 조건들이 모두 만족된다면, 현상은 그것들로부터 개연적으로가 아니라 필연적으로 유도되어야 한다. ④예컨대 일식 때 하늘이 어두워지는 현상은 만유인력의 법칙, 빛의 직진 원리 등[법칙]과 지구, 달, 태양의 상대적 위치가 언제 어떠했다고 말하는 진술[초기 조건]로부터 연역함으로써 설명된다." ④번 문장의 경우 세 문장 중에서 가장 자세한 설명이기 때문에 '개념(연역)-개념 설명-설명 사례' 순으로 배치하는 것이 더 이해하기 쉬운 연결이 될 것이다. 따라서 문장 간의 방향성은 ③[←⑤(←④)]이 된다. 마지막으로 중심내용을 정리해보자. 핵심어는 '왜, 설명, 연역 등'이고, 화제는 '연역적 법칙 포섭 모형'이다. 주제를 결정하기에 내용이 부족하다. 화제문장은 ③번 문장이고, 요약은 화제문장의 연결로 만들어진다.

사례 | ①진화생물학이 설명해야 하는 중심 문제는 생물 개체의 적응에 관한 것이다. ②적응은 자연선택으로만 설명될 수 있는 매우 복잡한 현상이기 때문에 자연선택은 진화생물학에서 특별한 지위를 차지한다. ③자연선택은 근본적으로 복제자에 작용한다. ④복제자란 자기 자신을 복제하는 구조물인데 우리가 알고 있는 생물학적 복제자는 유전자가 유일하다. ⑤유전자들은 동맹을 결성하여 자신의 운반자를 만들고, 그렇게 만들어진 운반자를 통해 생존 경쟁을 한다. ⑥운반자는 유전자들의 번식을 돕는 매개체로서, 우리 자신을 포함한 생물 개체들이 이에 해당한다. [MEET, 2007, 19~21 개]

문장 간의 주고받음 대상 즉, 수직적 연결 고리를 확인해보면 ①② 번 문장은 '적응'을 주고받음 대상으로 연결되어 있고, ②③번 문장은 '자연선택'을 주고받음 대상으로 연결되어 있다. 그리고 ③④번 문장은 '복제자'를 주고받음 대상으로 연결되며, ④⑤번 문장은 '유전자'를 주고받음 대상으로 연결된다. 마지막으로 ⑤⑥번 문장은 '유전자'와 '운반자'를 주고받음 대상으로 연결되어 있다. 그렇다면 이 사례의 방향성은 어떻게 될까? 주고받음 대상 간의 관계를 살펴보면 ②번 문장은 ①번 문장의 '적응'을 받아서 '자연선택, 진화 생물학'으로 사고를 확장하고, ③번 문장은 ②번 문장의 '자연선택'을 받아서 '복제자'로, ④번 문장은 ③번 문장의 '복제자'를 받아서 개념을 언급 함과 동시에 '유전자'로 사고를 확장하고 있다. ⑤번 문장은 ④번 문장의 '유전자'를 받아서 '운반자'로 사고를 확장하고, ⑥번 문장은 ⑤번 문장의 '운반자'

와 '유전자'를 받아서 관계와 예시를 들고 있다. 따라서 이 글의 방향성은 ①→②→③→④→⑤[←⑥]으로 사고가 흐른다. 마지막으로 중심 내용을 정리해보자. 핵심어는 '적응, 자연선택, 복제자, 유전자 등'이고, 화제는 '진화생물학'이다. 주제는 결정하기 어렵고, 화제문장은 ⑤번 문장이다.

사례 | ①헌법은 검열을 금지하고 있다. ②하지만 1996년 헌법재판소가 영화 검열에 대한 위헌 결정을 내릴 때까지 영화에 대한 사전 검열이 버젓이 이루어져 왔다. ③헌법재판소의 위헌 결정 후 '영화등급보류' 제도가 도입되었지만, 헌법재판소가 2001년 다시 위헌 결정을 내리자, 그 대신 '제한상영가' 제도가 2002년에 도입되었다. ④제한상영가 제도의 도입 취지는 다음과 같다. ⑤"종전에는 성과 폭력 등의 묘사가 지나친 경우에는 등급 분류를 보류하여 상영을 할 수 없도록 하였으나, 앞으로는 제한상영가 등급을 신설하여 모든 영화에 등급을 부여하도록 하되, 제한상영가 등급을 받은 영화는 제한상영관에서만 상영하도록 함." 한편 영상물등급위원회는 "그 내용 및 표현 기법이 18세관람가 기준을 벗어나 과도하게 일반 국민의 정서에 악영향을 미치거나 반사회적인 내용인 경우"에 제한상영가 등급으로 분류하고 있다. [MEET, 2005, 30~32, 개]

이 텍스트는 문장과 문장 사이에 표지어가 있는 ①②번 문장과, 표지어가 없는 ②③④⑤번 문장으로 나누어 생각할 수 있다. 우선 문장 간의 수직적 연결 고리를 확인해보면 ①②번 문장은 '검열'을, ②③번 문장은 '헌법재판소'를 주고받음 대상으로 연결 되어 있다. 그리고 ③④번 문장은 '제한상영가 제도'를 주고받음 대상으로 연결되어 있다. 그렇다면 이 사례의 방향성은 어떻게 될까? 주고받음 대상 간의 관계를 살펴보면 ②번 문장은 ①번 문장의 '검열 금지'를 받아서 '검열 진행'으로 흐름을 전환하고, ③번 문장은 ②번 문장의 '헌법재판소'를 받아서 '제한상영가'로, ④번 문장은 ③번 문장의 '제한상영가'를 받아서 '취지'를 언급하며, ⑤번 문장을 통해 구체적으로 설명하고 있다. 따라서 이 글의 방향성은 ① ⌐ ②→③→④[←⑤]으로 사고가 흐른다. 마지막으로 중심내용을 정리해보자. 핵심어는 '검열, 헌법재판소, 제한상영가 제도 등'이고, 화제는 '제한상영가 제도'이다. 주제는 '제한상영가 제도의 도입 취지'이다. 화제문장은 ③④번 문장이다.

사례 | ①정치적·경제적 요인 이외에 서구 근대법의 등장에 중대한 역할을 한 것으로 베버가 본 것은 직업적 법률가 계층의 성장이다. ②법률가 계층의 양성은 유럽 대륙에서는 대학에서 행해진 이론적 법학 교육에 의하여, 영국에서는 실무자들에 의한 경험적 법 훈련에 의하여 이루어졌다. ③서구 근대법의 발달을 촉진한 것은 로마법의 전통에 입각하여 유럽 대륙에서 수행된 근대적 법학 교육 이었다. ④근대적 법학 교육에서 사용되는 법 개념들은 성문화되어 있는 일반 규칙에 대한 엄격히 형식적인 의미 해석을 통해 형성 되었고, 법 이론은 종교적·윤리적 이해 관계자들의 요구 사항에서 점차 벗어나 독자적인 논리체계로 구성되었다. ⑤이러한 법 이론의 지배를 받는 법률가 계층이 성장함에

따라, 법적 추론에 대한 예측 가능성이 보장되었다. [LEET, 2009 예비, 29~31, 대]

　　문장 간의 수직적 연결 고리를 확인해보면 ①②번 문장은 '법률가 계층'을 주고받음 대상으로 연결되어 있고, ③번 문장은 ①번 문장의 '서구 근대법'과 ②번 문장의 '법학 교육'을 주고받음 대상으로 연결되어 있다. 그리고 ③④번 문장은 '근대적 법학 교육'을, ④⑤번 문장은 '법 이론'을 주고받음 대상으로 연결하고 있다. 그렇다면 이 사례의 방향성은 어떻게 될까? 주고받음 대상 간의 관계를 살펴보자. ②번 문장은 ①번 문장의 '법률가 계층'을 받아서 '유럽 대륙, 경험적 법'으로 사고를 확장하고, ③번 문장은 ②번 문장에서 '법학 교육'을 받아서 '근대의 발달'로, ④번 문장은 ③번 문장의 '근대적 법학 교육'을 받아서 '법 이론'을 언급하며 사고를 확장하고, ⑤번 문장 역시 ④번 문장의 '법 이론'과 ①번 문장의 '법률가 계층'을 받아서 '법적 추론에 대한 예측 가능성'을 언급하며 사고를 확장하고 있다. 따라서 이 글의 방향성은 ①→②→③→④→⑤으로 사고가 흐른다. 마지막으로 문장 간의 연결 고리를 근거로 중심내용을 정리해 보면, 핵심어는 '법률가 계층, 서구 근대법, 근대적 법학 교육, 법 이론, 법적 추론 등'이고, 화제는 '서구 근대법'이다. 주제는 '법률가 계층의 성장에 따른 법적 추론의 예측 가능성'이다. 화제문장은 ⑤번 문장이고, 요약은 화제문장의 연결로 만들어진다. 이처럼 인문, 사회, 과학 등 모든 텍스트는 수직적 연결 고리와 논리적 사고 체계에 입각한 방향성을 결정할 수 있는 공통점이 있다.

문장과 문장 사이 「역류」

'문장(A)+문장(B)+…'에서 역류(←)는 사고의 흐름이 B에서 A로 흐른다. 여기서 문장(A)는 목적, 주장, 개념 등이 되고, 문장(B)는 수단, 근거, 예시 등이 된다. 이처럼 문장과 문장 사이에서 '목적←수단', '주장←근거', '개념←예시' 등 역류를 의미하는 흐름 표지어는 '바꿔 말하면, 곧, 즉, 가령, 다시 말해, 왜냐하면~때문이다, 이를 위해서* 등'이 있다. 무엇보다 역류는 문장의 등급(p. 130~143 참조)을 떨어트리는 역할을 한다. 그럼 사례를 살펴보자.

사례 | ①개별자 수준과 집단 수준의 인과가 독립적이라고 주장하는 철학자들은 두 수준의 인과가 서로 다른 방식으로 해명되어야 한다고 본다. ②왜냐하면 이들은 개별자 수준의 인과가 지닌 복잡성과 특이성은 집단 수준의 인과로 설명될 수 없다고 여기기 때문이다. ③가령 A의 병은 유전적 요인, 환경적 요인, 개인의 생활 습관 등에서 비롯될 수도 있고 그 요인들이 우연적이며 복합적으로 작용하는 과정을 거치며 발생될 수도 있다. [SAT, 2009, 40~42, 대]

---

* 'A다. 바꿔 말하면 B다.'에서 바꿔 말하면은 먼저 한 말을 다른 말로 하면을 의미한다. 'A다. 곧 B다.'에서 곧은 바꾸어 말 하면을 뜻한다. 'A다. 즉 B다.'에서 즉은 다시 말하여, 앞에서 말한 것에 대하여 풀어서 말하여의 의미와 다른 것이 아니라 바로를 뜻한다. 'A다. 가령 B다.'에서 가령은 가정하여 말하여와 예를 들어를 의미한다. 'A다. 이를 위해서 B다.'에서 이를 위해서는 행동의 목적을 말하며 동사에 붙어 목적이나 의도를 나타내는 표현이다. 'A다. 왜냐하면 B때문이다.'는 A가 결론이고 B는 근거를 나타내는 형식이다.

우선 문장 간의 수직적 연결 고리를 살펴보자. 다①② 두 문장은 주고받음 대상 경우의 수 중 '개별자 수준의 인과, 집단 수준의 인과 등'을 주고받음 대상으로 연결되어 있다. 마찬가지로 다②③번 문장은 '개별자 수준 개인적', '집단 수준 환경적 요인', '복잡성과 특이성 우연적이며 복합적'으로 주고받음 대상 간의 관계가 1:1로 대응하고 있다. 그렇다면 이후 문장은 다①②③번 문장 중 어느 문장과 연결될까? 여러분은 어느 문장과 무엇을 주고받음 대상으로 생각을 이어가겠습니까? 극단적으로 이후 문장은 ③번 문장의 '개인의 생활 습관'을 주고받음 대상으로 사고를 이어갈 수도 있다. 하지만 텍스트의 위계를 생각한 필자라면 이어지는 문장은 다①번 문장과 주고받음 대상 관계를 형성할 것이다. 원문을 살펴보자. 라①이에 대해 개별자 수준과 집단 수준의 인과가 연관된다고 주장하는 사람들은, 병의 여러 요인들이 있다 하더라도 여전히 인과의 필연성이 성립된다고 본다. 원문을 보면 '개별자 수준'과 '집단 수준의 인과'를 주고받음 대상으로 다①번 문장과 연결된다. 이를 도식으로 정리해보면 다음과 같다.

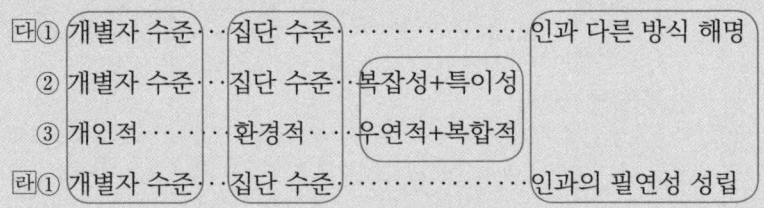

　그럼 문장 간의 주고받음 대상을 확인했으니 글의 방향성까지 결정

해 보자. 우선 문장 다①②③ 사이에는 역류를 나타내는 표지어 '왜냐하면 ~때문이다.'와 '가령'이 있다. 즉 방향성은 역류이다. 그렇다면 이 세개 문장의 등급은 어떻게 결정될까? 한 등급씩 떨어진다. 이를 이해하기 쉽게 표현해보면 다음과 같다.

1등급 문장　　　다①　　　　↔ 라①
2등급 문장　　　　[←②　　] ↔ 라①
3등급 문장　　　　　　(←③) ↔ 라①

더불어 이후 문장인 라①과 연결되는 문장은 무엇일까? 분석해보면 표지어 '이에 대해'와 더불어 주고받음 대상의 관계가 '인과가 서로 다른 방식으로 해명↔인과의 필연성이 성립'으로 부딪히고 있다. 정리해보면 이 사례의 방향성은 다①[←②(←③)]↔라①이고 화제문장 간 방향성은 다①↔라①이 된다.

그렇다면 문장과 문장 사이에 표지어가 없는 경우 역류(←)는 어떻게 결정할 수 있을까? 순류와 마찬가지로 역류도 문장과 문장 사이에 표지어가 없는 경우에는 주고받음 대상의 관계가 어떻게 형성되는지를 통해서 문장 간의 방향성을 인지해야 한다. 우선 표지어가 없이 이후 문장이 이전 문장의 사례를 들거나 근거를 언급하면 이는 역류이다. 두 번째 이후 문장이 이전 문장의 주고받음 대상을 정의하거나 개념을 언급할 때 이 역시 역류이다. 마찬가지로 이후 문장이 이전 문장의 일부 또는 전체를 자세히 설명하거나 반복하면 역류이다. 그럼 사례를 통해서 정확한 역류 개념을 이해해 보자.

사례 | ①그림책의 그림은 순수 회화와 구별해서 일러스트레이션 이라고 한다. ②일러스트레이션(illustration)은 illustrate 라는 동사에서 나온 말로, 예를 들어 쉽게 설명한다라는 뜻이다. [SAT, 1994-2, 55~57. 개]

우선 문장 간의 수직적 연결 고리를 확인해보면 ①②번 문장은 '일러스트레이션'을 주고받음 대상으로 연결되어 있다. 그럼 방향성을 결정해보자. ②번 문장은 ①번 문장의 주고받음 대상인 '일러스트레이션'의 어원과 의미를 설명하고 있다. 따라서 이 글의 방향성은 ①[←②]으로 사고가 흐른다. 아마도 이후 문장은 ①번 문장의 주고받음 대상 경우의 수 중에서 연결될 것이다.

사례 | ①1976년에 미국의 수학자 아펠(K. Appel)과 하켄(W. Haken)은 지도(地圖)의 채색과 관련된 '사색(四色)문제'를 증명했다고 발표했다. ②사색문제는 한 세기 이상 수학자들을 괴롭혀 오던 문제로, 어떠한 지도라도 네 가지 색만 있으면 지도상의 모든 지역(국가, 도, 시, 군 등)을 구별하여 나타낼 수 있음을 증명하는 문제이다. [SAT, 2002, 27~31. 개]

문장 간의 수직적 연결 고리를 확인해보면 ①②번 문장은 '사색문제'를 주고받음 대상으로 연결되어 있다. 그리고 ②번 문장은 ①번 문장의 주고받음 대상인 '사색문제'의 정의를 언급하고 있기 때문에 방향성은 ①[←②]으로 사고가 흐른다. 좀 더 살펴보면 ②번 문장은 '사색문제'를 받아 사고를 확장하는 것이 아니라 ①번 문장의 주고받음 대상에 포함된다. 이 두 문장을 재구성해보면 '①1976년에 미국의 수학자 아펠(K. Appel)과 하켄(W. Haken)은 지도(地圖)의 채색과 관련된 사색(四色)문제 즉, 한 세기 이상 수학자들을 괴롭혀 오던 문제로, 어떠한 지도라도 네 가지 색만 있으면 지도상의 모든 지역을 구별하여 나타낼 수 있음을 증명하는 사색문제를 증명했다고 발표했다.' 와 같이 한 문장으로 표현할 수도 있다. 머릿속에 가로등의 불나방을 떠올려보면 쉽게 이해할 수 있을 듯하다. 여기서 ①번 문장은 가로등이고, ②번 문장은 불나방에 불과한 것이다.

사례 | ①어떤 사람이 자전거에 대해서 많은 정보를 갖고 있다고 해서 자전거를 탈 수 있게 되는 것은 아니며, 자전거를 탈 줄 알기 위해서 반드시 자전거에 대해서 많은 정보를 갖고 있어야 하는 것도 아니다. ②아무 정보 없이 그저 넘어지거나 다치거나 하는 과정을 거쳐 자전거를 탈 줄 알게 될 수도 있다. ③'자전거가 왼쪽으로 기울면 핸들을 왼쪽으로 틀어라'와 같은 정보를 이용해서 자전거 타는 법을 배운 사람이라도 자전거를 익숙하게 타게 된 후에는 그러한 정보를 전혀 의식하지 않고서도 자전거를 잘 탈 수 있다. ④자전거 타기 같은 절차적 지식을 갖기 위해서는 훈련을 통하여 몸과 마음을 특정한 방식으로 조직화해야 한다. [SAT, 2007, 33~36. 대]

우선 문장 간의 수직적 연결 고리를 확인해보면 ①②③번 문장은 '자전거'와 '정보'를 주고받음 대상으로 연결되어 있고, ②④번 문장은 '자전거'와 '과정 절차'를 주고받음 대상으로 연결되어 있다. 그럼 문장 간의 방향성을 결정해 보자. ③번 문장은 ②번 문장의 '과정'을 구체적으로 설명하고 있다. 그리고 ④번 문장은 ②번 문장의 '과정 절차적 지식'을 주고받음 대상으로 '특정한 방식 조직화'를 언급하며 사고를 확장하고 있다. 따라서 이 글의 방향성은 ①→②[←③]→④으로 사고가 흐른다. 이를 문장 등급별로 정리해보면 다음과 같다.

1등급 문장　　　　　①→②　　→④
2등급 문장　　　　　　　　[←③]

더불어 문장 간의 연결 고리를 근거로 중심내용을 정리해 보면, 핵심어는 '자전거, 정보, 과정 절차적 지식 등'이고, 화제는 '절차적 지식'이다. 화제문장은 ④번 문장이다. 나머지는 좀 더 많은 내용이 언급되어야 정리할 수 있을 것이다. 여기서 많이 나오는 단어가 화제가 되지 않는 것을 확인할 수 있다. 이 사례에서 가장 많이 등장하는 단어는 '자전거'이다. 하지만 이 사례는 자전거에 대한 내용을 말하고자 하는 것이 아니라 '자전거를 통해서 습득하는 절차적 지식'을 설명하고 있다. "많이 나오는 단어가 핵심어(화제)이다."라는 명제가 거짓임을 확인할 수 있는 사례이다.

사례 | ①'권위의 역설'은 통상 인간의 도덕적 삶에 필수적이라 여겨지는 두 요소인 '권위'와 '합리성'이 서로 양립할 수 없는 개념들이라는 언명을 말한다. ②합리적인 행위란 그 행위 자체의 가치에 대한 판단의 결과를 행위의 근거로 삼는 것인 반면, 권위에 따른 행위는 행위 자체의 가치와 무관하게 '단지 명령이 있었기 때문에' 그 행위로 나아가는 것이라는 점에서 두 개념이 전제하는 실천적 추론의 구조, 즉 해야 할 바가 무엇인지, 그리고 그것을 어떤 이유에서 결정할 것인지에 관한 사고의 구조가 상호 모순적이라는 것이다. ③몇몇 학자들은 결국 합리성 개념과 양립할 수 없는 권위 개념을 포기할 수밖에 없다고 한다. ④합리적 인간이라면 권위를 자기 행위의 근거로 삼을 수 없을 뿐 아니라 권위를 꼭 필요로 하 지도 않을 것이기 때문이다. [LEET, 2010, 22~24, 개]

우선 문장 간의 수직적 연결 고리를 확인해보면 ①②③④번 문장은 '권위'와 '합리성'을 주고받음 대상으로 연결되어 있다. 그렇다면 문장 간의 방향성은 어떻게 결정될까? ②번 문장은 ①번 문장의 '양립할 수 없는 개념'에 대해서 구체적으로 설명하고 있다. 따라서 역류이다. ③번 문장은 ①번 문장의 '합리성'과 양립할 수 없는 개념인 '권위'를 받아 '포기'로 사고를 확장하고 있다. 따라서 순류이다. ④번 문장은 ③번 문장의 근거를 들어 역류이다. 정리해보면 이 글의 방향성은 ①[←②]→③[←④]으로 사고가 흐른다. 이를 문장 등급별로 정리해보면 다음과 같다.

1등급 문장　　　　　　①　→③
2등급 문장　　　　　　[←②]　[←④]

　구조적 관점에서 보면 문장 중에서 중요한 것을 찾는 것보다 덜 중요한 문장을 빼는 것이 글 읽기에 더 효과적일 때가 많다. 일례로 역류 문장을 빼고 나면 남는 문장이 화제문장이자 중요한 문장 또는 문맥을 형성하는 문장이 되는 것이다. 정보를 줄이고 등급별로 분류해 놓으면 알아보기 수월하기 때문이다. 따라서 역류 문장을 잘 처리할 수 있어야 글 읽기와 글쓰기가 쉬워진다.

문장과 문장 사이 「대립·대조」

'문장(A)+문장(B)+…'에서 대립·대조(↔)는 사고의 흐름이 통상적으로 B로 흐른다. 문장과 문장 사이에 '+ ↔ -', '긍정 ↔ 부정' 등을 의미하는 흐름 표지어는 '그러나, 그럼에도 불구하고, 오히려, 반대로, 반면, 그런데, 이에 대해* 등'이 있다. 사례를 읽어 보자.

사례 | ①루소에 의하면, 자연 상태에서 인간은 필요한 만큼의 욕구가 충족되면 그 이상 아무 것도 취하지 않았으며, 타인에게 해악을 끼치지도 않았다. ②심지어 타인에게 도움을 주려는 본능적인 심성까지 지니고 있었다. ③그러나 인지(認知)가 깨어나면서 인간의 욕망은 필요로 하는 것 이상으로 확대되었다. [SAT, 2000, 40~44, 대]

우선 문장과 문장 간의 주고받음 대상 즉, 수직적 연결 고리를 확

---

* 'A다. 그러나 B다.'에서 그러나는 앞(A)의 내용과 뒤(B)의 내용이 상반될 때 쓰는 접속 부사이다. 'A다. 오히려 B다.'에서 오히려는 일반적인 기준이나 예상, 짐작, 기대와는 전혀 반대되거나 다르게. 그럴 바에는 차라리를 뜻한다. 'A다. 그럼에도 불구하고 B다.'에서 그럼에도 불구하고는 비록 사실은 그러하지만 그것과는 상관없이를 의미이다. 'A다. 반면 B다.'에서 반면은 뒤에 오는 말(B)이 앞(A)의 내용과 상반됨을 나타내는 말이다. 'A다. 반대로 B다.'에서 반대로는 두 사물이 모양, 위치, 방향, 순서 따위에서 등지거나 서로 맞섬. 또는 그런 상태를 의미한다. 'A다. 그런데 B다.'에서 그런데는 우선 앞(A)의 내용과 상반되는 내용을 (B에서)이끌 때 쓰는 접속 부사이며, 더불어 화제를 앞(A)의 내용과 관련시키면서 (B를)다른 방향으로 이끌어 나갈 때 쓰는 접속 부사의 역할도 한다. ⟨p.124 참조⟩ 이외에도 역류를 나타내는 표지어들이 많지만 대표 표지어를 중심으로 알아봤다.

인해 보자. ①②번 문장은 '타인'을 주고받음 대상으로 ①③번 문장은 '욕구 욕망'을 주고받음 대상으로 연결되어 있다. 그렇다면 이후 문장은 ①②③번 문장 중 어떤 문장과 연결될까? 여러분이라면 ④번 문장을 몇 번 문장과 그리고 또 그 문장의 주고받음 대상 경우의 수 중 무엇과 연결하시겠습니까? 원문을 살펴보자. ④이 이기적인 욕망 때문에 사유 재산 제도가 형성되고, 그 결과 불평등한 사회가 등장하게 되었다. 원문은 ③번 문장의 '욕망'을 주고받음 대상으로 연결하고 있다.

　문장 간의 주고받음 대상을 확인했으니 글의 방향성을 결정해 보자. 표지어가 있는 문장과 문장에서는 표지어를 통해 방향성을 결정하면 된다. 우선 문장 ①②와 문장 ③ 사이에는 대립·대조를 나타내는 표지어 '그러나'가 있다. 따라서 글의 방향성은 대①+②↔③→④ 으로 사고가 흐른다. 그런데 여기서 무조건 표지어를 믿어서는 안 된다. 글쓴이가 표지어를 잘 못 사용했을 수도 있기 때문이다. 일반적으로 독자는 텍스트를 읽을 때 표지어에 의존해서 방향성을 결정한다. 일례로 '그러나'가 나오면 반대 관계이고, '따라서'가 나오면 결론이다와 같이 말이다. 이제부터는 표지어가 있는 문장을 읽을 때 표지어에 의존해서 읽는 것이 아니라 주고받음 대상 간의 관계를 파악함으로써 표지어의 적합성 여부를 평가할 수 있어야 한다. 여기서 '인간은 필요한 만큼의 욕구'와 '인간의 욕망은 필요로 하는 것 이상으로 확대' 이 둘은 상반되는 관계는 아니다. 변화되고 흐름이 전환되는 것이다. 따라서 '그러나' 보다는 '하지만'이나 '그런데'가 더 적합한 표지어이다. 이처럼 독자는 표지어의 적합성 여부를 평가할 수 있어야 한다.

그렇다면 문장과 문장 사이에 표지어가 없는 경우 대립·대조(↔)는 어떻게 결정할 수 있을까? 문장과 문장 사이에 표지어가 없는 경우 대립·대조 역시 주고받음 대상 간의 관계가 어떻게 형성되는지를 통해 문장의 방향성을 결정할 수 있다. 대립·대조와 같이 주고받음 대상 간의 관계를 파악하기 위해서는 배경지식이 어느 정도 필요하다.

사례 | ②인간은 조화를 원한다. ③자연은 불화를 원한다. ④자연은 무엇이 인간을 위해 좋은 것인지를 더 잘 알고 있기 때문이다. ⑤인간은 안락하고 만족스럽게 살고자 한다. ⑥자연은 인간이 나태와 수동적인 만족감으로부터 벗어나 노동과 고난 속으로 돌진하기를 원한다. [SAT, 2004, 48~51, 대]

우선 ②~⑥번 문장은 '인간'과 '자연' 등을 주고받음 대상으로 연결되어 있다. 이제 남은 것은 이 문장들의 방향성이다. 이 문장들은 '인간과 자연'이 '조화↔불화', '안락↔고난'처럼 대립 관계를 형성하고 있다. 따라서 방향성은 ②↔③[←④]+⑤↔⑥으로 사고가 흐른다.

사례 | ①지금까지 과학은 기계론적 세계관에 입각해서 모든 존재를 기계와 같은 물질 구조로 보고, 환원적이고 분석적인 방법으로 기계의 최소 부품간의 상호 인과 관계를 밝혀서 전체를 이해하는 데 주력하였다. ②신과학 운동에서는 전체가 단순한 부분의 합계 이상이라고 믿고 부분과 전체 사이의 관계와 상호 작용을 중요시한다. [SAT, 1994-1, 56~60, 대]

문장 간의 수직적 연결 고리를 확인해보면 ①②번 문장은 '기존 과학'과 '신과학 운동'이 서로 대립하며 연결되어 있다. 더불어 ①번 문장은 '환원적이고 분석적인 방법'을, ②번 문장은 '관계와 상호 작용'을 내용상으로 대립시키고 있다. 따라서 이 글의 방향성은 ①↔②으로 사고가 흐른다. 이후 문장에서는 신과학 운동에 관한 내용도 기존 과학에 관한 내용도 모두 전개 될 수 있다. 이 두 문장을 보고 아직 섣부르게 무엇을 주고 받을지 결정할 수는 없다. 다만 경우의 수 범위 안에서 예측할 수 있을 뿐이다.

사례 | ①강한 유형의 합리적 이기주의자는 자기 자신의 최대선을 추구하는 것은 항상 합리적이고 그렇게 하지 않는 것은 항상 비합리적이라고 주장한다. ②강한 유형의 윤리적 이기주의자는 자기 자신의 최대선을 추구하는 것은 항상 도덕적으로 옳으며 그렇게 하지 않는 것은 항상 도덕적으로 옳지 않다고 주장한다. ③약한 유형의 합리적 이기주의자는 자기 자신의 최대선을 추구하는 것이 항상 합리적이라는 것은 받아들이지만 그렇게 하지 않는 것이 비합리적이라는 것은 받아들이지 않는다. ④약한 유형의 윤리적 이기주의자는 자기 자신의 최대선을 추구하는 것이 항상 도덕적으로 옳다는 것은 받아들이지만 그렇게 하지 않는 것이 도덕적으로 옳지 않다는 것은 받아들이지 않는다. [PSAT, 2008, 39~40]

이 사례의 경우 문장과 문장 사이에 표지어가 없기 때문에 주고받음 대상의 관계를 파악하는 것이 급선무다. 우선 형식적으로만 보면 문장 간의 연결 고리를 ①②번 문장은 '강한'과 '이기주의자, 자신의 최대선 추구 등'으로 볼 수 있고, ③④번 문장은 '약한'과 '이기주의자, 자신의 최대선 추구 등'으로 볼 수 있다. 하지만 텍스트를 읽을 때 형식과 더불어 내용도 생각하며 읽어야 한다. 내용적 관점에서 이 사례는 '강한'과 '약한'을 중심으로 구분하는 것이 아니라 '합리적 이기주의자'와 '윤리적 이기주의자'를 주고받음 대상으로 묶어야 보다 이해하기 수월한 구조가 된다. 설명을 위해 문장을 재정렬해 보겠다. "①강한 유형의 합리적 이기주의자는 자기 자신의 최대선을 추구하는 것은 항상 합리적이고 그렇게 하지 않는 것은 항상 비합리적이라고 주장한다. ③약한 유형의 합리적 이기주의자는 자기 자신의 최대선을 추구하는 것이 항상 합리적이라는 것은 받아들이지만 그렇게 하지 않는 것이 비합리적이라는 것은 받아들이지 않는다. ②강한 유형의 윤리적 이기주의자는 자기 자신의 최대선을 추구하는 것은 항상 도덕적으로 옳으며 그렇게 하지 않는것은 항상도덕적으로 옳지 않다고 주장한다. ④약한 유형의 윤리적 이기주의자는 자기 자신의 최대선을 추구하는 것이 항상 도덕적으로 옳다는 것은 받아들이지만 그렇게 하지 않는 것이 도덕적으로 옳지 않다는 것은 받아들이지 않는다."

우선 문장 간의 수직적 연결 고리를 확인해보면 ①③번 문장은 '합리적 이기주의자'를 주고받음 대상으로 '강한'과 '약한'이 대립한다. ②④번 문장 역시 '윤리적 이기주의자'를 주고받음 대상으로 '강한'과 '약한'이 대립하며 연결되어 있다. 따라서 이 글의 방향성은

①↔③+②↔④으로 사고가 흐른다. 이 사례를 통해서 확인할 수 있는 것은 글쓴이가 나열한 순서대로 텍스트를 읽을 필요는 없다는 것이다. 독자의 입장에서 필자의 논리를 평가하며 때로는 문장 간의 논리를 재구성할 수도 있어야 한다.

문장과 문장 사이 「흐름 전환」

'문장(A)+문장(B)+...'에서 흐름 전환(⌐)은 대립·대조와 마찬가지로 사고의 흐름이 통상적으로 B로 흐른다. 문장과 문장 사이에 '긍정(⌐)긍정+알파' 등을 의미하는 흐름 표지어는 '그런데, 그렇지만, 하지만* 등'이 있다. 사례를 읽어 보자.

사례 | ①바다 속에 서식했던 척추동물의 조상형 동물들은 체와 같은 구조를 이용하여 물 속의 미생물을 걸러 먹었다. ②이들은 몸집이 아주 작아서 물 속에 녹아 있는 산소가 몸 깊숙한 곳까지 자유로이 넘나들 수 있었기 때문에 별도의 호흡계가 필요하지 않았다. ③그런데 몸집이 커지면서 먹이를 거르던 체와 같은 구조가 호흡 기능까지 갖게 되어 마침내 아가미 형태로 변형되었다. [SAT, 2005, 24~27. 대]

---

* 'A다. 그런데 B다.'에서 그런데는 화제를 앞(A)의 내용과 관련시키면서 (B를)다른 방향으로 이끌어 나갈 때 쓰는 접속 부사이고, 앞(A)의 내용과 상반되는 내용을 (B에서)이끌 때 쓰는 접속 부사이다. '그런데'는 이처럼 대립·대조와 흐름 전환 두 가지 의미를 나타내는 표지어이다. 'A다. 그렇지만 B다.'에서 그렇지만은 앞(A)의 내용을 인정하면서 앞의 내용과 뒤(B)의 내용이 대립할 때 쓰는 접속 부사이다. 'A다. 하지만 B다.'에서 하지만은 서로 일치하지 아니하거나 상반되는 사실을 나타내는 두 문장을 이어줄 때 쓰는 접속부사이다. 참고로 'A다. 그러나 B다.'에서 표지어 '그러나'의 학교문법적 의미는 대립·대조이다. 그렇지만 많은 책이나 시험 상황에서조차 '흐름 전환'의 역할로도 사용 되곤 한다. 긍정적인 면에서 보면 의미의 확장이고, 냉정하게 보면 틀린 사용이다. 이외에도 역류를 나타내는 표지어들이 많지만 대표 표지어를 중심으로 알아봤다.

문장과 문장 간의 수직적 연결 고리를 확인해 보자. ①②번 문장은 '척추동물의 조상형 동물들'을, ②③번 문장은 '몸집'을 주고받음 대상으로 연결 되어있다. 그렇다면 이후 문장은 ①②③번 문장 중 어떤 문장과 연결될까? 여러분이라면 ④번 문장을 몇 번 문장과 그리고 또 그 문장의 주고받음 대상 경우의 수 중 무엇과 연결하시겠습니까? 원문을 살펴보자. ④즉, 소화계의 일부가 호흡 기능을 담당하게 된 것이다. 원문은 '호흡 기능'을 주고받음 대상으로 ③번 문장과 연결하고 있다.

문장 간의 주고받음 대상을 확인했으니 글의 방향성을 결정해 보자. 이 사례에서 ②③번 문장은 표지어 '그런데'를 기준으로 연결되어있다. 더불어 '몸집이 작아서'와 '몸집이 커지면서' 처럼 주고받음 대상의 관계가 전환한다. 따라서 방향성은 내①→② ⌐ ③[←④]으로 사고가 흐른다.

그렇다면 문장과 문장 사이에 표지어가 없는 경우 흐름 전환(⌐)은 어떻게 결정할 수 있을까? 문장과 문장 사이에 표지어가 없는 경우 흐름 전환 역시 주고받음 대상 간의 관계가 어떻게 형성되는지를 통해 문장의 방향성을 결정할 수 있다. 흐름 전환은 단순히 부딪히는 것을 넘어, 서로 다른 것을 인정하면서 차이점을 언급할 때 일어나는 사고의 흐름이다. 사례를 읽어 보자.

사례 | ①정신적 사건과 물질적 사건은 구분된다고 생각하는 것이 우리의 상식이다. ②이러한 상식에 따르면 인간의 정신적 사건과 육체적 사

건도 구분되는 것으로 보게 된다. ③정신적 사건과 육체적 사건이 서로 긴밀히 연결되어 있다고 보는 것 또한 우리의 상식이다. ④위가 텅 비어 있으면 정신적인 고통을 느끼는 현상, 두려움을 느끼면 가슴이 더 빨리 뛰는 현상 등이 그런 예이다. ⑤문제는 정신적 사건과 육체적 사건의 이질성과 관련성이라는 두 가지 상식을 조화시키기가 쉽지 않다는 것이다. ⑥정신적 사건과 육체적 사건이 서로 다른 종류의 것이라고 주장하는 이론, 곧 심신 이원론은 그 두 종류의 사건이 관련되어 있음을 설명하기 위해 다양한 방법을 시도한다. [SAT, 2014 B형, 19~21, 개]

흐름 전환이 일어나는 ②③번 문장을 중심으로 살펴보자. 두 문장은 '정신적 사건과 육체적 사건'을 주고받음 대상으로 ②번 문장은 '구분'을, ③번 문장은 구분을 인정하면서 '연결'을 언급하며 흐름을 바꾸고 있다. 전체적인 글의 방향성은 ①→② ⌐*③[←④]→⑤→⑥으로 사고가 흐른다.

사례 | ①옵션 가운데 주식을 기초 자산으로 하는 주식 옵션의 사례를 살펴보면 옵션의 성격을 이해하기가 한층 더 쉽다. ②가령, 2년 후에 어떤 회사의 주식을 한 주당 1만 원에 살 수 있는 권리를 지금 1천 원에 샀다고 하자. ③2년 후에 그 회사의 주식 가격이 1만 원을 넘으면 이 옵

---

* 제시문 원문에는 ②번 문장과 ③번 문장 사이에 흐름 표지어 '하지만'이 들어있다. 중요한 것은 이렇게 표지어를 삭제하고도 문장 간의 방향성을 잡을 수 있어야 한다. 더불어 글쓴이가 사용한 표지어의 적합성 여부도 평가할 수 있어야 한다.

션을 가진 사람으로서는 옵션을 행사하는 것이 유리하다. ④만약 1만 5천 원이라면 1만 원에 사서 5천 원의 차익을 얻게 되므로 옵션 구입 가격 1천 원을 제하면 수익은 주당 4천 원이 된다. ⑤1만 원에 못 미칠 경우에는 옵션을 포기하면 되므로 손실은 1천 원에 그친다. ⑥여기서 주식 옵션을 가진 사람의 수익이 기초 자산인 주식의 가격 변화에 의존함을 확인할 수 있다. [SAT, 2006, 52~55, 래]

흐름 전환이 일어나는 ④⑤번 문장을 중심으로 살펴보자. 두 문장은 '1만원 이상/이하'를 주고받음 대상으로 ④번 문장은 '수익'을, ⑤번 문장은 '손실'을 언급하며 흐름을 바꾸고 있다. 얼핏 보면 수익과 손실이 대립하는 것처럼 보인다. 그러나 ④⑤번 문장에서는 '수익'과 '손실' 두 가지 경우를 모두 상정하고 있기 때문에 두 문장의 관계는 흐름 전환으로 봐야 한다. 따라서 글의 방향성은 ①[←(②→③←(④ ⌐ ⑤))]→⑥으로 사고가 흐른다. 방향성을 위계(등급)별로 나누어 정리해 보면 다음 도식과 같다.

1등급 문장   ①   →⑥
2등급 문장   [←(②→③   )]
3등급 문장   (←④ ⌐ ⑤)

여기서 역류가 나오면 문장의 등급은 떨어지고 동시에 다시 방향성 개념이 반복하게 된다. 다시 말해 2등급 문장들에서도 순류, 대립·대조, 흐름 전환, 더하기 등이 반복적으로 나타나는 것이다. 이 사례 역시 원문에는 ⑤번 문장에 표지어 '하지만'이 포함되어 있다. 여기서 '하지만'이 나오면 중요하다!? 그렇다면 이 사례에서 ⑤번 문장이 가장 중요한 문장인가? 아니다. ⑤번 문장의 '하지만'은 문맥을 결정하는 표지어가 아니라 3등급 문장의 흐름을 바꾸는 표지어이다. 기억해야 하는 것은 무조건 '하지만'이 중요한 것이 아니라 문맥의 흐름을 결정하는 '하지만'이 중요하다는 것이다.

사례 | ①20세기 초 칸딘스키는 자신이 추구해 온 추상화 운동을 보완할 새로운 사실주의의 출현을 예견했다. ②사실적 회화는 대상을 재현한다. ③현대 추상화가들에 의해 선, 면, 색채 같은 순수한 형식만으로도 그림이 성립할 수 있다는 생각이 보편화되기 이전의 모든 그림은, 그 내용이 꽃이든 전쟁의 이야기든 세계를 묘사한 재현적 그림이었다. ④그림에서의 묘사는 그 대상이 무엇이든 또한 형식을 동반한다. ⑤예를 들어, 장미 꽃잎의 붉은색과 윤곽선, 그것과 항아리의 흰색 면과의 대조 등이 작품의 형식적 측면들이다. ⑥그러므로 그림에서 추구해야 할 미(美)란 재현적 내용과 형식의 균형이라고 믿었던 아카데미의 화가들은 재현과 형식 그 어느 쪽에도 치우치지 않으려고 노력했다. [MEET. 2005. 21~23. 개]

흐름 전환이 일어나는 ③④번 문장을 중심으로 살펴보자. 두 문장은 '그림 묘사'를 주고받음 대상으로 ③번 문장은 '재현'을, ④번 문장은 '형식'을 언급하며 흐름을 바꾸고 있다. 이 역시 '재현'과 '형식'이 대립하는 것처럼 보인다. 그러나 이 사례에서는 두 가지 경우를 모두 상정하고 있기 때문에 두 문장의 관계는 흐름 전환으로 봐야 한다. 전체적인 글의 방향성은 ①→②→③ ⌐ ④[←⑤]→⑥으로 사고가 흐른다.

    무엇보다 이러한 사고 과정을 통해 문장과 문장 사이에 사용된 표지어의 적합성 여부를 평가할 수 있다. 그 방법은 표지어에 의존하지 않고 문장과 문장의 주고받음 대상의 관계를 기준으로 방향성을 결정하는 것이다. 그리고 이 둘의 흐름을 비교함으로써 표지어의 올바른 사용 여부를 평가하면 된다. 텍스트를 접하다 보면 글쓴이가 사용한 표지어와 문장 간의 주고받음 대상의 관계가 일치하지 않는 경우가 많다. 이때 문장과 문장의 방향성은 주고받음 대상의 관계를 통해 결정되는 방향성이 기준이 되는 것이다. 그리고 여러분이 글을 쓸 때도 이러한 방식으로 방향성을 잡고 그에 맞는 표지어를 사용하면 되는 것이다. 결과적으로 문장과 문장 사이에 표지어가 있든 없든 문장 간에는 주고받음 대상의 수직적 연결과 그 대상 간의 관계가 형성된다. 따라서 표지어는 이러한 주고받음 관계를 더 명시적으로 나타내기 위해 사용하는 방법에 불과한 것이다. 기억해야 한다. 고수는 표지어를 많이 쓰지 않는다는 것을 말이다.

문장과 문장 사이 「더하기」

'문장(A)+문장(B)+…'에서 더하기(+)는 사고의 흐름이 A와 B를 묶어서 흐른다. 문장과 문장을 하나로 묶어 블록을 형성하는 관계 표지어는 '또(한), 게다가, 한편, 더구나, 나아가* 등'이 있다. 사례를 읽어 보자.

사례 | ①표현력을 높이려면 우선 어휘의 절대량을 늘리는 일이 필요하다. ②이를 위해서 다양한 합성법을 사용하거나, '-보, -쟁이 등' 파생 접사를 이용한 파생법을 사용할 수 있다. ③한편 어휘의 절대량을 늘리기 위해 외래 요소를 받아들이기도 한다. [SAT, 2003, 57~60, 대]

우선 문장과 문장 간의 주고받음 대상을 확인해 보자. ①②③번 문장은 '어휘의 절대량'을 주고받음 대상으로 연결되어 있다. 그렇다면 이후 문장은 ①②③번 문장 중 어떤 문장과 연결될까? 여러분이라면 ④번 문장을 몇 번 문장과 그리고 또 그 문장의 주고받음 대상 경우의 수 중 무엇과 연결하시겠습니까? 원문을 살펴보자. ④우리가 오랫동안 한

---

* 'A다. 또(한) B다.'에서 또는은 어떤 일이 거듭하여, 그밖에 더 등을 의미한다. 'A다. 게다가 B다.'에서 게다가는 그러한데다가, 그 꼴에(북한어)를 의미한다. 'A다. 한편 B다.'에서 한편은 어떤 일에 대하여, A에서 말한 측면과 다른 측면을 B에서 말할 때 쓰는 말이다. 'A다. 더구나 B다.'에서 더구나는 이미 있는 사실에 더하여. 또는 앞의 사실도 그런데 하물며를 의미한다. 'A다. 나아가 B다.'에서 나아가는 거기에만 머무르지 아니하고. 앞에서 이야기한 사실보다 정도가 더하여지거나 범위가 더 넓어짐을 나타낸다. 이외에도 역류를 나타내는 표지어들이 많지만 대표 표지어를 중심으로 알아봤다.

문을 사용해 온 까닭으로 우리말에는 다량의 한자어가 들어와 있다. 원문은 '외래 요소^{한문}'을 주고받음 대상으로 ③번 문장과 연결하고 있다.

문장 간의 주고받음 대상을 확인했으니 글의 방향성을 결정해 보자. 문장 ②와 문장 ③의 방향성은 표지어 '한편'과 주고받음 대상 관계 '파생법+외래 요소'를 통해서 더하기 임을 확인할 수 있다. 따라서 문장 간의 방향성은 ①[←②]+③[←④]으로 사고가 흐른다.

그렇다면 문장과 문장 사이에 표지어가 없는 경우 더하기(+)는 어떻게 결정할 수 있을까? 문장과 문장 사이에 표지어가 없는 경우 더하기 역시 주고받음 대상 간의 관계가 어떻게 형성되는지를 통해 문장의 방향성을 결정할 수 있다. 사례를 살펴보자.

사례 | ①용언은 어간과 어미로 이루어진다. ②일반적으로 용언이 활용할 때 변하지 않는 부분을 어간이라 하고 변하는 부분을 어미라 한다. ③용언은 서술어뿐 아니라 주어, 목적어, 관형어, 부사어 등 여러 문장 성분으로 쓰이면서 다양한 문법적 기능을 한다. [SAT, 2013, 36~38, 개]

①②③번 문장은 '용언'을 주고받음 대상으로 연결되어 있다. 이제 남은 것은 이 문장들의 방향성이다. 문장 ②는 문장 ①의 '용언'을 구체적으로 설명한다. 따라서 역류이다. 그렇다면 문장 ③은 어떤 문장과 주고받음 관계를 형성할까요? 문장 ①의 구조는 'a는 b이다.'이고 문장 ③의 구조는 'a는 c이다.' 보이시나요? 더하기입니다. 그렇다면 이후 문

장은 ①②③번 문장 중 어떤 문장과 연결될까요? 여러분이라면 ④번 문장을 몇 번 문장과 그리고 또 그 문장의 주고받음 대상 경우의 수 중 무엇과 연결하시겠습니까?

사례 | ①해프닝(happening)이란 장르는 글자 그대로 지금 여기에서 일어나고 있는 것을 보여 준다. ②이것은 즉흥적으로 이루어지며, 말보다는 시각적이고 청각적인 소재들을 중요한 표현의 도구로 삼는다. ③공연은 폐쇄된 극장이 아니라 화랑이나 길거리, 공원, 시장, 부엌 등과 같은 일상적인 공간에서 이루어지기 때문에 이동성이 뛰어나다. ④또한 논리적으로 연결되지 않는 사건과 행동들이 파편적으로 이어져 있어 기이하고 추상적이기도 하다. ⑤대화는 생략되거나 아예 없으며, 때로 불쑥불쑥 튀어 나오는 말도 특별한 의미를 지니지 않는 경우가 많다. [SAT, 2003, 42~46, 대]

①②번 문장은 '해프닝'을 주고받음 대상으로 연결되고, ③④⑤번 문장은 특별히 주고받음 대상이 보이질 않는다. 그렇다면 이 글의 방향성은 어떻게 결정할 수 있을까? 우선 ③④번 문장은 표지어 '또한'이 있어 더하기 관계임을 확실히 알 수 있다. 주고받음 관계도 겹치는 게 없으니 더하기가 맞다. 그렇다면 ④⑤번 문장의 관계는 어떻게 될까? 이 역시 더하기이다. 그럼 전체적인 방향성을 정리해 보자. ②번 문장의 주고받음 대상 경우의 수는 '즉흥, 시각, 청각'으로 뽑을 수 있다. 여기서 ③④번 문장은 '즉흥'을 ⑤번 문장은 '청각'을 구체적으

로 설명하고 있어 묶음으로 역류가 된다. 따라서 이 사례의 방향성은 ①→②[←(③+④+⑤)]으로 사고가 흐른다. 이를 등급별 도식으로 정리해 보면 다음과 같다.

  1등급 문장   ①→②
  2등급 문장   [←(③+④+⑤)]

사례 | ①1997년 외환 금융 위기 이후, 자본 시장 개방으로 대규모 외국 자본이 유입되면서 주주의 이익을 극대화하는 경영에 부합하는 가치관과 제도들이 확산되었다. ②주주 대표 소송 등 소액 주주의 권한 행사 요건과 절차가 개선되었으며, 사외 이사가 확대되고 사외 이사 중심의 독립적인 감사 위원회가 설치됨으로써 내부 감시 기능도 강화되었다. ③소유 구조 및 회계의 투명성도 높아졌다. ④이 '주주 가치 경영'은 시장 질서의 확산과 함께 우리나라 기업들의 기업 지배 구조를 개선하고, 기업 경영을 감시하여 기업 가치를 높이는 긍정적인 효과를 낳은 것으로 평가된다. [MEET, 2006. 20~22. 개]

  우선 문장 간의 수직적 연결 고리를 확인해보면 ①②③번 문장은 특별히 주고받음 대상이 보이질 않는다. 그렇다면 이 글의 방향성은 어떻게 결정할 수 있을까? ②번 문장과 ③번 문장 속 표지어 '~도'는 확장해서 문장 간의 더하기를 나타내는 표지어로도 볼 수 있다. 내용을 정리해보면 '1997년 외환 금융 위기 이후 ①주주의 이익 극대화 가치관과 제도들이 확산, ②권한 행사 요건과 절차가 개선, 사외 이사가 확대, 내부 감시 기능 강화, ③소유 구조 및 회계의 투명성 높아 짐'으로 간추릴 수 있다. 주고받음 대상 간의 관계도 겹치는 게 없으니 더하기가 맞다. 따라서 방향성은 '①+②+③'→④으로 사고가 흐른다.

사례 | ①현재 태양의 에너지원은 수소 원자핵 네 개가 헬륨 원자핵 하나로 융합하는 과정의 질량 결손으로 인해 생기는 핵융합 에너지로 알려져 있다. ②태양은 엄청난 양의 수소 기체가 중력에 의해 뭉쳐진 것으로, 그 중심으로 갈수록 밀도와 압력, 온도가 증가한다. ③태양에서의 핵융합은 천만 도 이상의 온도를 유지하는 중심부에서만 일어난다.
[SAT. 2014 예비 A형, 25~28, 매]

사례를 읽고 문장 간의 수직적 연결 고리를 확인해보면 ①②③번 문장은 '태양'을 주고받음 대상으로 연결되어 있다. 그렇다면 방향성은 어떻게 결정할 수 있을까? ①번 문장은 '태양'과 더불어 '수소 원자핵, 질량 결손, 핵융합 에너지'를, ②번 문장도 역시 '태양'을 중심으로 '중심, 밀도, 압력, 온도'를 언급하고 있다. 전형적인 'a는 b이다.', 'a는 c이다.' 구조이다. 따라서 더하기이다. 그리고 문장 ③은 문장 ①②로 부터 '핵융합, 온도, 중심(부)'를 받아 내용적 관계를 정리하고 있다. 따라서 순류이다. 그렇다면 이후 문장은 어떻게 흘러갈까? 원문을 살펴보자. ④높은 온도에서만 원자핵들이 높은 운동 에너지를 가지게 되며, 그 결과로 원자핵들 사이의 반발력을 극복하고 융합되기에 충분히 가까운 거리로 근접할 수 있기 때문이다. 원문을 보면 '천만도 이상의 온도^{높은}^{온도}'를 주고받음 대상으로 ③번 문장과 연결하고 있다. 그리고 ④번 문장은 ③번 문장의 근거 문장이 된다. 따라서 방향성은 ①+②→③[←④]으로 사고가 흐른다. 그렇다면 이후 문장은 ①②③④번 문장 중 어느 문장과 연결해야 가장 논리적인 텍스트가 될까? 이처럼 현재 문장을 기준으로 이전 문장과 이후 문장 간의 수직적 연결 고리와 방향성을 생각하다 보면 장문의 텍스트도 논리적으로 읽을 수 있을 뿐 아니라 쓰기에도 적용할 수 있다.

더불어 표지어 '마찬가지로'의 방향성을 정리하고 넘어가자. '마찬가지로'의 사전적 의미는 사물의 모양이나 일의 형편이 서로 같음을 나타낸다. 여기서 마찬가지로는 '한 문장 단위'에서는 동등·유사 관계를 나타내지만 '문장과 문장 단위'에서는 실질적으로 더하기 관계를 나타낸다. 사례를 살펴보자.

사례 | ①이처럼 열역학 제2법칙도 일상적인 세계 안에서만 설명력을 가질 뿐, 우주 전체에 적용되는 시간의 방향성에 대해서는 제대로 설명을 하지 못한다. ②마찬가지로 앞에서 설명한 뉴턴 법칙이나 상대성 이론도 또한 우주론적 시간의 방향성을 설명하지 못한다. ③시간의 방향성에 대한 진정한 설명에 이르기 위해서는 일상적인 시간의 방향성과 함께, 우주 전체에 적용되는 시간의 방향성을 동시에 설명할 수 있는 통일된 이론이 필요하다. [SAT, 1998, 56~61, 대]

우선 ①②번 문장은 '시간의 방향성 설명하지 못한다'를 주고받음 대상으로 연결되어 있다. 그리고 방향성은 표지어 '마찬가지로'를 통해서 두 가지 내용을 언급하고 있음을 알 수 있다. 그리고 ③번 문장은 ①번 문장으로부터 '일상적 시간의 방향성'을, ②번 문장으로 부터 '우주론적 시간의 방향성'을 주고받음 대상으로 연결하고 있다. 따라서 방향성은 배'①+②'→③ 으로 사고가 흐른다.

마지막으로 이처럼 사고의 방향성을 결정할 수 있는 표지어와 달리 '만일/만약', '물론', '요컨대', '아마도', '오히려', '심지어' 등처럼 표지어의 뜻만으로는 방향성을 결정할 수 없는 표지어도 있다. 이는 문맥적 차원에서 상황과 상황에 맞게 방향성을 잡아 나가야 한다. 표지어의 사전적 의미를 살펴보면 'A다. 만일/만약 B다.'에서 만일/만약은 혹시 있을지도 모르는 뜻밖의 경우 또는 만 가운데 하나 정도로 아주적은 양을 의미하고, 'A다. 물론 B다.'에서 물론은 말할 것도 없이를 뜻한다. 'A다. 요컨대 B다.'에서 요컨대는 중요한 점을 말하자면 또는 여러 말 할 것 없이를 나타내고, 'A다. 아마도 B다.'에서 아마도는 뒤에 오는 추측의 표현과 호응하여 단정할 수는 없지만 미루어 짐작하거나 생각하여 볼 때 그럴 가능성이 크다는 뜻을 나타내는 말로써 또는 개연성이 높을 때 쓰는 말이나, '틀림없이'보다는 확신의 정도가 낮은 말이다. 'A다. 오히려 B다.'에서 오히려는 일반적인 기준이나 예상, 짐작, 기대와는 전혀 반대가 되거나 다르게. 그럴 바에는 차라리를 의미하고, 'A다. 심지어 B다.'에서 심지어는 더욱 심하다 못하여 나중에는을 의미한다.

지금까지 살펴본 문장과 문장 단위 사례는 일상적 텍스트와 시험 상황에서 반복되는 표지어와 방향성을 중심으로 선별한 문장들이다. 이 외에도 더 많은 표지어가 있지만 모든 표지어를 다루는 것이 목적이 아니라 대표 표지어를 바탕으로 수직적 연결에 필요한 논리적 사고 체계를 이해하는 것이 목적이다. 참고로 학교문법은 평생 공부해야 한다. 표지어를 포함한 학교문법적 내용을 꼼꼼히 확인해서 더욱 완성된 텍스트 논리를 구축하시기 바랍니다.

TExt MEchanism & THinking MEchanism

3

고전 & 퓨전
텍스트 비교

일반적으로 한국인의 입장에서 쉽다고 체감하는 텍스트는 대부분 앞에서 뒤로 연결되는 구조(순류)이다. 대표적으로 조선 시대 선인들이 남긴 고전 텍스트를 살펴보면 거의 앞에서 뒤로 사고가 연결되는 것을 확연하게 볼 수 있다. 반면 우리가 요즘 접하는 텍스트의 경우 앞뒤 문장의 연결보다는 이전·이후 문장 간의 연결 사례가 더 많다. 다시 말해 역류가 많이 등장한다. 이처럼 학교문법 관점에서 한 문장을 만드는 방법이 변화하듯 문장과 문장을 연결하는 방법 또한 변한다. 긍정적으로 보면 진화하는 것이고 부정적으로 보면 퇴색되는 것이다. 그럼 선인들의 글과 현대인의 사고 전개가 어떻게 다른지 사례를 통해서 비교해보자. 사례를 읽을 때는 연필로 문장과 문장의 연결 고리와 방향성을 표시하며 읽어야 한다.

박세당, 「사변록」
1680~1693년

육경(六經)의 글은 모두 요·순 이래 성현의 말씀을 기록한 것으로서 조리가 매우 정밀하고 자세하며, 뜻이 깊고도 멀다. 정밀한 것으로 말하자면 털끝만큼도 어지럽힐 수 없고, 자세한 것으로 말하자면 미세한 것도 빠뜨린 것이 없다. 깊이를 헤아리고자 하나 그 밑바닥을 찾을 수 없고, 멀리 추구하고자 해도 끝간데를 볼 수 없다. 그러므로 진·한 시대로부터 수·당 시대에 이르기까지 갈래를 나누어 쪼개며 잘라내고 찢어발겨 마침내 대체(大體)를 훼절한 것이 이루 다 헤아릴 수 없다. 이단에 빠진 자는 근사한 것을 끌어다가 간사한 말을 꾸며대고, 옛 전적(典籍)만을 굳게 지키는 자는 고집스럽고 편벽되어 평탄한 길을 알지 못한다. 이것이 어찌 부지런하고 간절하게 육경을 지어 말씀을 남긴 성현들이 천하 후세에 기대한 뜻이겠는가.

「중용」에 이르기를 "먼 곳을 가려거든 반드시 가까운 곳에서 부터 시작해야 한다."하였으니, 이른바 깊은 곳은 얕은 데서부터 들어가고, 자세한 부분 역시 간략한 데서부터 미루어가며, 정밀한 경지 또한 거친 데서부터 차츰 이루어진다는 것을 알 것이다. 그런데 오늘날 육경을 탐구하는 자들은 대부분 알고 가까운 것을 뛰어 넘어서 깊고 먼 데로만 치달리며, 거칠고 간략한 것은 소홀히 하고서 정밀하고 자세한 것만을 엿보고 있으니, 어둡거나 어지럽고 빠져 헤어나지 못하거나 넘어지고 말아 끝내 아무 소득이 없는 것은 당연하다. 저들은 비단 깊고 멀고 정밀하고 자세한 것을 잃을 뿐만 아니라, 얕고 가까우며 거칠고 간략한 것마저 모두 잃게 될 것이니, 슬프다. 얼마나 미혹된 일인가. 무릇 가까운 것은 미치기 쉽고 얕은 것은 헤아리기 쉬우며 간략한 것은 알기 쉽고 거친 것은 터득하기 쉽다. 그 도달한 바를 딛고 한 발 멀리 가고 또 한 발 멀리 간다면 먼 끝까지 갈 수 있을 것이며, 그 헤아린 바를 연유하여 차츰 깊게 들어가다 보면 마침내 깊은 끝까지 나아갈 수 있을 것이다.

대저 귀먹은 이는 천둥과 벼락의 소리를 듣지 못하고, 눈먼 이는 해와 달의 빛을 보지 못한다. 그러나 이것은 그를 자신의 신체적 장애로 인한 것일 뿐, 천둥과 벼락, 또는 해와 달은 의연히 그대로인 것이다. 천둥과 벼락은 천지에 굴러 다녀 소리가 진동하고 해와 달은 고금에 비추어 빛이 찬연하니, 일찍이 귀먹은 이가 듣지 못하고 눈먼 이가 보지 못했다하여 그 소리나 빛이 혹여 작아지거나 흐려진 적이 없다. 그러므로 송나라 때 정자(程子)와 주자(朱子)가 나와서 마침내 해와 달 같은 거울을 닦아 내고 천둥과 벼락같은 북을 울리어 소리가 멀리 미치고 빛이 넓게 퍼지게 되자 육경의 뜻이 다시 세상에 환히 밝혀졌으니, 이제 지난날의 편벽된 것들이 사람의 사려를 막을 수 없으며, 근사한 것들이 명분을 벌 수 없게 되어 간사한 선동과 유혹이 마침내 끊어지고 평탄한 표준이 뚜렷해졌다.

그러나 경전에 실린 말은 그 근본은 비록 하나지만 그 가닥은 천 갈래 만 갈래이니, 이것이 이른바 "한 가지 이치인데도 백가지 생각이 나오고 귀결은 같을지라도 이르는 길이 다르다는 것이다. 이처럼 아무리 뛰어난 지식과 깊은 조예를 가졌다 해도 그 뜻을 완전히 알아서 세밀

한 것까지 잃지 않기는 불가능하므로, 반드시 여러 사람의 장점을 널리 모으고 보잘것 없는 성과도 버리지 않는 다음에야 거칠고 간략한 것이 유실되지 않고 얕고 가까운 것이 누락되지 아니하여 깊고 멀고 정밀하고 자세한 체계가 비로소 완전하게 갖추어지는 것이다. [SAT, 1996, 42~46]

박제가, 「북학의」
1778년

하사(下士)*는 오곡을 보면 중국에도 있는지를 묻고, 중사(中士)*는 중국 문장이 우리 나라보다 못하다고 여긴다. 상사(上士)*는 중국에는 이학(理學)이 없다 한다. 과연 그러하다면 중국에는 배울 만한 것이 거의 없다 하겠다.

  그러나 이 큰 천하에 무엇인들 없겠는가? 내가 지나가 본 곳은 중국의 한 모퉁이인 유주(幽州), 연주(燕州)이고, 만난 사람도 문인 몇 사람일 뿐이니 도(道)를 물려받은 큰 선비는 실상 보지 못했다. 하지만 반드시 그런 사람이 없다고 감히 말하지 못하는 것은 천하의 서적을 다 읽지 못했고 천하의 지역을 두루 돌아보지 못한 때문이다. 지금 중국에는 뛰어난 학자들과 걸출한 문인들이 있는데도 우리 나라 사람들은

---

* 하사·중사·상사 : 선비를 상·중·하로 나누어 표현한 것.

중국의 학문과 문학을 볼 것 없다고 하는데 도대체 무얼 믿고 그러는지 알 수 없다.

대저 서적에 기재된 것은 그 범위가 대단히 넓고 의미가 무궁하다. 그런 까닭에 중국 서적을 읽지 않는 자는 스스로 금을 긋는 것이고, 중국을 다 오랑캐라 하는 것은 남을 속이는 것이다. 중국에 비록 육상산이나 왕양명 같은 사람들의 학설이 있다고 해도 주자학의 적통(嫡統)은 제대로 남아 있다.

우리 나라는 사람마다 주자의 학설을 말할 뿐이며 나라 안에 이단이 없으므로 사대부는 감히 육상산이나 왕양명의 학설을 말하지 못한다. 이것이 어찌 도가 하나에서 나와서 그런 것이 겠는가? 과거(科擧)로 몰아대고 풍기(風氣)로 구속하니 이와 같이 하지 않으면 몸이 편안하지 않고 그 자손마저 보전하지 못하기 때문이다. 이런 모든 것이 중국의 큰 규모와 같게 되지 못하는 요인이 된다. 무릇 우리 나라가 가지고 있는 좋은 기예를 다 발휘해도 중국의 물건 하나에 불과할 터이니 서로 비교하려는 것은 이미 자신을 알지 못함이 심한 자이다.

내가 연경(燕京)에서 돌아오니 국내 사람들이 잇달아 와서 중국 이야기를 들려주기를 청하는 것이었다. 나는 일어나면서, "그대는 중국 비단을 못 보았나? 꽃과 새, 용 따위의 무늬가 번쩍번쩍하여 살아 있는 듯하며, 가까이 보면 기뻐하는 듯, 슬퍼하는 듯, 모습이 금세 달라진다. 그것을 보는 자는 다 직조 기술이 과연 여기까지 이를 줄은 몰랐다 하는바, 우리 나라의 면포가 날과 씨만으로 짜여 있는 것과 어떠한가? 중국에는 어떤 물건이든지 그렇지 않은 것이 없다. 그 말은 문자를 그대로 사용하며, 집은 금빛과 채색 단장으로 꾸몄고, 통행하는 것은 수레이고, 냄새는 향기로운 냄새뿐이다. 그 도읍, 성곽, 음악의 변화함이며, 무지개다리, 푸른 숲 속에 은은하게 오가는 풍경은 완연히 그림과 같다. 부인네 머리 모습과 긴 저고리는 모두 옛날 제도 그대로이며 멀리서 바라보면 몸매가 날씬하여 우리 나라 부인네의 짧은 저고리와 폭 넓은 치마가 아직도 몽고제도를 이어받은 것과 같지 않다." 하였더니 모두 허황하게 여겨 믿지 않았다. 평소에 생각하던 것과 아주 다르다는 듯이 이상한 표정을 짓고 돌아가면서, "호국(胡國)을 우단(右袒)**한다." 라는 것이었다.

　아아, 나를 찾아왔던 사람들은 모두가 장차 이 유도(儒道)를 밝히고 이 백성을 다스릴 사람들인데 그 고루함이 이와 같으니 오늘날 우리 나라 풍속이 진흥하지 못하는 것이 당연하다. 주자는 "의리를 아는 사람이 많기를 원할 뿐이다." 하였는데, 그러므로 나도 이에 대해서 변론하지 않을 수 없다. [SAT, 2003, 23~27]

선인들이 쓴 글은 이처럼 앞에서 뒤로 향하는 순류적 사고가 많다. 비록 어휘는 익숙하지 않을지 몰라도 문장과 문장의 연결은 그리 어렵지 않다. 그럼 이어서 작금의 시대에서 우리가 읽는 퓨전 텍스트를 읽어보자. 고전 텍스트와 무엇이 다른지 체감해 보자.

** 우단 : 한쪽 편을 듦.

「미학과 뮤지컬」
SAT, 2011년

전통적인 철학적 미학은 세계관, 인간관, 정치적 이념과 같은 심오한 정신적 내용의 미적 형상화를 예술의 소명으로 본다. 반면 현대의 체계 이론 미학은 내용적 구속성에서 벗어난 예술을 진정한 예술로 여긴다. 이는 예술이 미적 유희를 통제하는 모든 외적 연관에서 벗어나 하나의 자기 연관적 체계로 확립되어 온 과정을 관찰하고 분석함으로써 얻은 결론이다. 이 이론은 자율성을 참된 예술의 조건으로 보는 이들이 선호할 만하다. 그렇다면 현대의 새로운 예술 장르인 뮤지컬은 어떻게 진술될 수 있을까?

뮤지컬은 여러 가지 형식적 요소로 구성되는데, 이것들은 내용, 즉 작품의 줄거리나 주제를 실질적으로 구현하는 역할을 한다. 전통적인 철학적 미학에 따르면 참된 예술은 훌륭한 내용과 훌륭한 형식이 유기적으로 조화될 때 달성된다. 이러한 고전적 기준을 수용할 때, 훌륭한 뮤지컬 작품은 어느 한 요소라도 소홀히 한다면 만들어지기 어렵다. 뮤지컬은 기본적으로 극적 서사를 지니기에 훌륭한 극본이 요구되고, 그 내용이 노래와 춤으로 표현되기에 음악과 무용도 핵심이 되며, 이것들의 효과는 무대 장치, 의상과 소품 등을 통해 배가되기 때문이다.

그런데 찬사를 받는 뮤지컬 중에는 전통적 기준의 충족과는 거리가 먼 사례가 적지 않다. 가령 A. L. 웨버는 대표작 〈캐츠〉의 일차적 목표를 다양한 형식의 볼거리와 들을 거리로 관객을 즐겁게 하는 데 두었다. 〈캐츠〉는 고양이들을 주인공으로 한 T. S. 엘리엇의 우화집에서 소재를 빌렸지만, 이 작품의 핵심은 내용의 충실한 전달에 있는 것이 아니라 어떤 기발한 무대에서 얼마나 다채롭고 완성도 있는 춤과 노래가 펼쳐지는가에 있다. 뮤지컬을 '레뷰(revue)', 즉 버라이어티 쇼로 바라보는 최근의 관점은 바로 이 점에 근거한다.

체계 이론 미학의 기준을 끌어들일 때, 레뷰로서의 뮤지컬은 예술로서의 예술의 한 범례로 꼽힐 수 있다. 물론 이러한 유형의 미학이 완전히 주류로 확립된 것은 아니다. 전통적인 철학적 미학도 여전히 지지를 얻는 예술관의 하나이기 때문이다. 이 입장에 준거할 때 체계 이론 미학의 예술관은 예술을 명예롭게 하는 숭고한 가치 지향성을 아예 포기하는 형식 지상주의적 예술관으로 해석될 수 있다. [SAT, 2011, 21~24]

「도시에 대한 권리」
LEET, 2012년

도시의 개혁과 관련하여 '도시에 대한 권리(the right to the city)'가 부상하고 있다. 이것은 도시 거주자들 모두가 도시 공간의 구성에 동등하게 참여하고 도시의 공적 요소를 자유롭게 이용할 수 있는 권리를 의미한다. 이에 따르면 도시는 이질적인 개인과 집단들 간에 상호 작용과 갈등이 발생하는 공적인 장소이므로, 안전, 평화로운 공존, 집단적 발전, 연대를 위한 조건들을 제공해야 한다.

거주자와 노동 계급을 동일시하는 이론가들은 오직 노동 계급만이 도시의 근본적인 개혁을 추동하는 사회적 주체라고 주장한다. 이들은 도시 내에 존재하는 자본주의와의 투쟁에 주목하고, 현대 도시의 일상적인 삶에서 부딪히는 인종주의, 가부장주의, 성차별 주의 등 온갖 차별적 관행들을 간과한다. 그러나 거주자 개념은 특정한 사회 계층에 국한되지 않고, 상이한 정체성과 정치적 이해 관계를 가진 여러 주체들을 포괄한다. 이러한 거주자들은 정치적 주변화(周邊化)에 대항하여 수많은 사회적·공간적인 구조들과 투쟁하게 된다. 자본주의는 도시의 여러 구조들 중 하나일 뿐이다.

거주 체험은 일상적인 삶을 통해 역동적으로 형성되므로 거주 자의 정치적 의제는 미리 정해질 수 없다. 오히려 그것은 집단의 규모, 정체성, 그리고 차이에 기초한 집단 간의 복합적인 정치 과정을 통해 형성된다. 여기에는 참여의 권리가 전제되어야 하는데, 이는 도시 공간의 구성에 관한 결정 과정에서 거주자가 중심적인 역할을 해야 한다는 것을 뜻한다. 거주자들은 자신의 필요에 맞추어 도시 공간을 구성하며, 그 필요가 무엇인지도 정치적인 투쟁과 조정을 통해 정하게 된다.

거주자들은 도시 공간을 교환 가치가 아닌 사용 가치의 관점에서 접근한다. 예컨대 그들은 도시 공간에 대한 여성의 완전한 접근권과 안전한 이동권 등을 주장할 수 있다. 나아가 거주자들은 성적 소수자들의 거주 공간을 배제하거나 주변화하는 데 저항할 수도 있다. 도시의 거주자들은 다양한 정치적 정체성을 가지기 때문에 그들의 의제 역시 다양한 정치적 관계를 통해 활성화된다. 결과적으로 다양한 정체성을 가진 이들이 이질적이고 혼종적인 도시 공간들을 구성하게 되지만, 그럼에도 불구하고 그 모든 공간들은 하나의 도시를 이루어 도시 거주자들의 복합적이고 다양한 필요를 충족 시킨다. [LEET, 2012 논술, 2]

「불확정성 원리, 양자 역학」
SAT, 2012년

양자 역학의 불확정성 원리는 우리가 물체를 '본다'는 것의 의미를 재고하게 한다. 책을 보기 위해서는 책에서 반사된 빛이 우리 눈에 도달해야 한다. 다시 말해 무엇을 본다는 것은 대상에서 방출되거나 튕겨 나오는 광양자를 지각하는 것이다.

광양자는 대상에 부딪쳐 튕겨 나올 때 대상에 충격을 주게 되는데, 우리는 왜 글을 읽고 있는 동안 책이 움직이는 것을 볼 수 없을까? 그것은 빛이 가하는 충격이 책에 의미 있는 운동을 일으키기에는 턱없이 작기 때문이다. 날아가는 야구공에 플래시를 터뜨려도 야구공의 운동에 아무 변화가 없어 보이는 것도 마찬 가지이다. 책이나 야구공에 광양자가 충돌할 때에도 교란이 생기지만 그 효과는 무시할 만하다.

어떤 대상의 물리량을 측정하려면 되도록 그 대상을 교란하지 않아야 한다. 측정 오차를 줄이기 위해 과학자들은 주의 깊게 실험을 설계하고 더 나은 기술을 사용함으로써 이러한 교란을 줄여 나갔다. 그들은 원칙적으로 측정의 정밀도를 높이는 데 한계가 없다고 생각했다. 그러나 물리학자들은 소립자의 세계를 다루면서 이러한 생각이 잘못임을 깨달았다.

'전자를 보는 것'은 '책을 보는 것'과 큰 차이가 있다. 우리가 어떤 입자의 운동 상태를 알려면 운동량과 위치를 알아야 한다. 여기에서 운동량은 물체의 질량과 속도의 곱으로 정의되는 양이다. 특정한 시점에서 특정한 전자의 운동량과 위치를 알려면, 되도록 전자에 교란을 적게 일으키면서 동시에 두 가지 물리량을 측정해야 한다.

이상적 상황에서 전자를 '보기' 위해 빛을 쏘아 전자와 충돌시킨 후 튕겨 나오는 광양자를 관측한다고 해 보자. 운동량이 작은 광양자를 충돌시키면 전자의 운동량을 적게 교란시켜 운동량을 상당히 정확하게 측정할 수 있다. 그러나 운동량이 작은 광양자로 이루어진 빛은 파장이 길기 때문에, 관측 순간의 전자의 위치, 즉 광양자와 전자의 충돌 위치의 측정은 부정확 해진다. 전자의 위치를 더 정확하게 측정하기 위해서는 파장이 짧은 빛을 써야 한다. 그런데 파장이 짧은 빛, 곧 광양자의 운동량이 큰 빛을 쓰면 광양자와 충돌한 전자의 속도가 큰 폭으로 변하게 되어 운동량 측정의 부정확성이 오히려 커지게 된다. 이처럼 관측자가 알아낼 수 있는 전자의 운동량의 불확실성과 위치의 불확실성은 반비례 관계에 있으므로, 이 둘을 동시에 줄일 수 없음이 드러난다. 이것이 불확정성 원리이다. [SAT, 2012, 47~50]

「귀납법과 연역법」
SAT, 2013년

논증은 크게 연역과 귀납으로 나뉜다. 전제가 참이면 결론이 확실히 참인 연역 논증은 결론에서 지식이 확장되는 것처럼 보이지만, 실제로는 전제에 이미 포함된 결론을 다른 방식으로 확인하는 것일 뿐이다. 반면 귀납 논증은 전제들이 모두 참이라고 해도 결론이 확실히 참이 되는 것은 아니지만 우리의 지식을 확장해 준다는 장점이 있다. 여러 귀납 논증 중에서 가장 널리 쓰이는 것은 수많은 사례들을 관찰한 다음에 그것을 일반화 하는 것이다. 우리는 수많은 까마귀를 관찰한 후에 우리가 관찰하지 않은 까마귀까지 포함하는 '모든 까마귀는 검다.'라는 새로운 지식을 얻게 되는 것이다.

철학자들은 과학자들이 귀납을 이용하기 때문에 과학적 지식에 신뢰를 보낼 수 있다고 생각했다. 그러나 모든 귀납에는 논리적인 문제가 있다. 수많은 까마귀를 관찰한 사례에 근거해서 '모든 까마귀는 검다.'라는 지식을 정당화하는 것은 합리적으로 보이지만, 아무리 치밀하게 관찰하여도 아직 관찰되지 않은 까마귀 중에서 검지 않은 까마귀가 있을 수 있기 때문이다.

포퍼는 귀납의 논리적 문제는 도저히 해결할 수 없지만, 귀납이 아닌 연역만으로 과학을 할 수 있는 방법이 있으므로 과학적 지식은 정당화될 수 있다고 주장한다. 어떤 지식이 반증 사례 때문에 거짓이 된다고 추론하는 것은 순전히 연역적인데, 과학은 이 반증에 의해 발전하기 때문이다. 다음 논증을 보자.

(ㄱ) 모든 까마귀가 검다면 어떤 까마귀는 검어야 한다.

(ㄴ) 어떤 까마귀는 검지 않다.

(ㄷ) 따라서 모든 까마귀가 다 검은 것은 아니다.

'모든 까마귀는 검다.'라는 지식은 귀납에 의해서 참임을 보여 줄 수는 없지만, 이 논증에서처럼 전제 (ㄴ)이 참임이 밝혀진다면 확실히 거짓임을 보여 줄 수 있다. 그러나 아직 (ㄴ)이 참임이 밝혀지지 않았다면 그 지식을 거짓이라고 말할 수 없다.

포퍼에 따르면, 지금 우리가 받아들이는 과학적 지식들은 이런 반증의 시도로부터 잘 견뎌 온 것들이다. 참신하고 대담한 가설을 제시하고 그것이 거짓이라는 증거를 제시하려는 노력을 진행해서, 실제로 반증이 되면 실패한 과학적 지식이 되지만 수많은 반증의 시도로부터 끝까지 살아남으면 성공적인 과학적 지식이 되는 것이다. 그런데 포퍼는 반증 가능성이 없는 지식, 곧 아무리 반증을 해 보려 해도 경험적인 반증이 아예 불가능한 지식은 과학적 지식이 될 수 없다고 비판한다. 가령 '관찰할 수 없고 찾아낼 수 없는 힘이 항상 존재한다.'처럼 경험적으로 반박할 수 있는 사례를 생각할 수 없는 주장이 그것이다. [SAT, 2013, 21~24]

연역법이든 귀납법이든 문장과 문장은 연결되어 있어야 한다. 제시문에서 사례로 든 까마귀 관련 삼단논법을 머릿속에서 해체해 보자. 문장 간의 연결 고리가 보일 것이다.

「지식의 유형」
SAT, 2007년

지식의 본성을 다루는 학문인 인식론은 흔히 지식의 유형을 나누는 데에서 이야기를 시작한다. 지식의 유형은 '안다'는 말의 다양한 용례들이 보여 주는 의미 차이를 통해서 드러나기도 한다. 예컨대 '그는 자전거를 탈 줄 안다'와 '그는 이 사과가 둥글다는 것을 안다'에서 '안다'가 바로 그런 경우이다. 전자의 '안다'는 능력의 소유를 의미하는 것으로 '절차적 지식'이라고 부르고, 후자의 '안다'는 정보의 소유를 의미하는 것으로 '표상적 지식'이라고 부른다.

어떤 사람이 자전거에 대해서 많은 정보를 갖고 있다고 해서 자전거를 탈 수 있게 되는 것은 아니며, 자전거를 탈 줄 알기 위해서 반드시 자전거에 대해서 많은 정보를 갖고 있어야 하는 것도 아니다. 아무 정보 없이 그저 넘어지거나 다치거나 하는 과정을 거쳐 자전거를 탈 줄 알게 될 수도 있다. '자전거가 왼쪽으로 기울면 핸들을 왼쪽으로 틀어라'와 같은 정보를 이용해서 자전거 타는 법을 배운 사람이라도 자전거를 익숙하게 타게 된 후에는 그러한 정보를 전혀 의식하지 않고서도 자전거를 잘 탈 수 있다. 자전거 타기 같은 절차적 지식을 갖기 위해서는 훈련을 통하여 몸과 마음을 특정한 방식으로 조직화해야 한다. 그러나 특정한 정보를 마음에 떠올릴 필요는 없다.

반면, '이 사과는 둥글다'는 것을 알기 위해서는 둥근 사과의 이미지가 되었건 '이 사과는 둥글다'는 명제가 되었건 어떤 정보를 마음속에 떠올려야 한다. '마음속에 떠올린 정보'를 표상이라고 할 수 있으므로 이러한 지식을 표상적 지식이라고 부른다. 그런데 어떤 표상적 지식을 새로 얻게 됨으로써 이전에 할 수 없었던 어떤 것을 하게 될지는 분명하지 않다. 이런 점에서 표상적 지식은 절차적 지식과 달리 특정한 일을 수행하는 능력과 직접 연결되어 있지 않다.

표상적 지식은 다시 여러 가지 기준에 따라 나눌 수 있는데, 그중에서도 '경험적 지식'과 '선험적 지식'으로 나누는 방법이 대표적이다. 경험적 지식이란 감각 경험에서 얻은 증거에 의존하는 지식으로 '그는 이 사과가 둥글다는 것을 안다'가 그 예이다. 물리적 사물들의 특정한 상태, 즉 사과의 둥근 상태가 감각 경험을 통해서 우리에게 입력되고, 인지 과정을 거쳐 하나의 표상적 지식이 이루어진 것이다. 우리는 감각 경험을 통해 직접 만나는 개별적인 대상들로부터 귀납추리를 통해 일반 법칙에 도달할 수 있다. 따라서 자연 세계의 일반 법칙에 대한 지식도 경험적 지식이다.

한편, 같은 표상적 지식이라 할지라도 '2+3=5'를 아는 것은 '이 사과가 둥글다'를 아는 것과는 다르다. '2+3=5'라는 명제는 감각 경험의 사례들에 의해서 반박될 수 없는 진리이다. 예컨대 물 2리터에 알코올 3리터를 합한 용액이 5리터가 안 되는 것을 발견했다고 해서 이 명제가 거짓이 되지는 않는다. 이렇게 감각 경험의 증거에 의존하지 않는 지식이 선험적 지식이다. 그래서 어떤 철학자들은 인간에게 경험 이외에 지식을 산출하는 다른 인식 능력이 있다고 생각하며, 수학적 지식이 그것을 보여 주는 좋은 예가 된다고 믿는다. [SAT, 2007. 33~36]

글읽기를 수영이나 자전거 타기로 비유하는 경우가 많다. 그럴듯해 보이지만 몸으로 습득하는 절차적 지식과 글읽기와 같이 표상적 지식은 구분해야 한다. 자전거를 책상에 앉아서 '자전거가 왼쪽으로 기울면 핸들을 왼쪽으로 틀어라.'와 같이 공부 한다고 탈 수 없듯이, 반대로 글읽기를 안구운동을 빨리하고 책장을 빨리 넘기는 훈련을 통해서 완성할 수는 없다. 더불어 경험적 지식과 같이 여러번 읽고 반복해서 내용을 많이 안다고 완성되는 것도 아니다. 읽기와 쓰기는 경험적 지식과 선험적 지식(논리문법, 텍스트 메커니즘)이 총동원되어야 한다.

찾아보기

국제적 언어 108

글의 전개 방식 71

기억력 178, 181, 185

기의 72, 103

기표 72, 103

끝말잇기 82

ㄱ

감성 32, 38, 64

감탄사 76

객관 18, 39, 98

객체 50

거짓 명제 39, 127, 186

격조사 06, 196, 202, 210

겹문장 70

관계 표지어 79, 81, 110

관형사 76, 78

관형사구 73

구 73

구조 18, 23, 142, 166

구조주의 104

국어 06, 51, 70

ㄴ

내용 논리 41, 118, 127

논리 54

논리문법 51, 84, 102, 108

ㄷ

다섯번째사과 187

단어 72

대립·대조 80, 92, 200, 235

대·소 관계 80, 211

더하기 80, 93, 96, 204, 207

데카르트 47, 50, 54

등급 112, 130, 144

동사 74, 76

동사구 73

ㄹ

랑그 102

ㅁ

매트릭스 유형 115, 126
메커니즘 50
명사 26, 76, 78
명사구 73, 76
명사절 75
명제 38
목적어 74, 76, 78, 109
문단 22, 150
문장 22, 38, 57
문장 성분 26, 75, 76
문장의 등급 130, 227

ㅂ

반복 유형 116
방향성 79, 81, 90, 92, 94
보어 76, 78
보조관념 208
볼륨 24

부사 76, 79
부사구 73, 76
부사절 75, 76, 78
빼기 80, 200

ㅅ

사고력 52, 65, 89, 185
사고의 메커니즘 51
사고의 유형 114, 129
서술어 70, 73, 76, 79
소쉬르 46, 72, 102
소설 31, 33
속독법 17
수사 76
수사법 58
수식 77, 130, 138
수직적 연결 30, 82, 86
수평적 연결 77, 110, 193
순류 80, 92, 193, 215
순서지움 118, 123, 160
시인 34
쓰기 58, 104, 186

ㅇ

아리스토텔레스 127, 176
안긴문장 74
안은문장 74
언어 05, 31, 46, 103
역류 80, 92, 94, 130, 145
연결 50, 54, 57
연결어미 41, 73, 79, 81
요약 21, 100
원관념 208
위계 55, 130
이성적 사고 50, 51, 64, 81
이어진 문장 70
인내심 65

ㅈ

절 74
접속부사 92
접속어 20, 79, 81
조사 76, 101
주고받음 84, 93
주고받음 대상 84, 93

주고받음 대상 경우의 수 110
주관 39, 101
주어 71, 74, 108
주제 21, 99
주체 104
중심내용 21, 98, 144
지역성 05, 142
집중력 176, 177

ㅊ

참 명제 186

ㅋ

콘텐츠 186

ㅌ

텍스트 단위 22, 72, 150
텍스트 메커니즘 52, 126, 188
텍스트의 유형 114

ㅍ

파롤 102

판단력 180
판에 박힌 유형 127, 219
페르마의 정리 174
편 22
평가력 180
표지어 20, 34, 77, 92, 166
품사 73, 76
프로이트 47
플라톤 550, 175, 179

화제 99
화제문장 100
확장 유형 119
흐름 전환 93, 96, 214
흐름 표지어 79, 81, 110

ㅎ

학교문법 26, 79, 103, 108
한 문장 단위 23, 192
한 문장의 단위 72
한 문장의 범주 70
한 문장의 형식 77
핵심어 99
형식 논리 120, 127
형용사 26, 76, 78
형용사구 73, 76
형용사절 75
홑문장 70

copyright © 다섯번째사과 all rights reserved

TM Text Mechanism
Thinking Mechanism